国家出版基金项目
NATIONAL PUBLICATION FOUNDATION

# 中國政治制度小史

常乃悳◎著



山西出版傳媒集團
山西人民出版社

**圖書在版編目(CIP)數據**

中國政治制度小史 / 常乃悳著. —太原: 山西人民出版社, 2014.12(2024.2重印)
(近代名家散佚學術著作叢刊 / 許嘉璐主編)
ISBN 978-7-203-08872-1

Ⅰ. ①中… Ⅱ. ①常… Ⅲ. ①政治制度史—中國
Ⅳ. ①D69

中國版本圖書館CIP數據核字(2014)第289787號

**中國政治制度小史**

主　　編　許嘉璐
著　　者　常乃悳
責任編輯　梁晉華
助理編輯　張　潔

出 版 者　山西出版傳媒集團·山西人民出版社
地　　址　太原市建設南路21號
郵　　編　030012
發行營銷　0351-4922220　4955996　4956039　4922127(傳真)
天貓官網　https://sxrmcbs.tmall.com　電話　0351-4922159
E-mail　sxskcb@163.com　發行部
　　　　sxskcb@126.com　總編室
網　　址　www.sxskcb.com

經 銷 者　山西出版傳媒集團·山西人民出版社
承 印 廠　山西出版傳媒集團·山西新華印業有限公司

開　　本　700mm×970mm　1/16
印　　張　7.5
字　　數　54千字
版　　次　2014年12月　第1版
印　　次　2024年2月　第2次印刷
書　　號　ISBN 978-7-203-08872-1
定　　價　38.00圓

# 《近代名家散佚學術著作叢刊》編委會

# 出版説明

近代名家散佚學術著作叢刊選取一九四九年以後未再刊行之近代名家學術著作共一百二十册，編例如次：

一、本叢書遴選之著作在相關學術領域具有一定的代表性，在學術研究方向、方法上獨具特色。

二、爲避免重新排印時出錯，本叢書原本原貌影印出版。影印之底本皆經專家組審定，原書字體大小，排版格式均未做大的改變，原書之序言、附注皆予保留。

三、本叢書分爲八大類，以作者生卒年編次。

四、爲使叢書體例一致，本叢書前言後記均采用繁體字排版。

五、個别頁碼較少的版本，爲方便裝幀和閲讀，進行了合訂。

六、少數學術著作原書内容有個别破損之處，編者以不改變版本内容爲前提，部分進行修補，難以修復之處保留缺損原狀。

七、原版書中個别錯訛之處，皆照原樣影印，未做修改。

八、所選版本之抽印本頁碼標注，起始至所終頁碼均照原樣影印，未重新編排標注新頁碼。

由於叢書規模較大，不足之處，殷切期待方家指正。

# 總序／

## 披沙瀝金，以爲鏡鑒

◇許嘉璐

多年來有一個問題始終在我腦中盤桓：爲什麼在十九世紀末到二十世紀初，在短短的幾十年裏，中國的各個學術領域竟涌現了那麽多大師級的人物？這是中國近代史上一個極爲重要的現象，我認爲，如果不能給出令人滿意的答案，我們撰寫的近代學術史將是不完整的，甚至是缺乏靈魂的。後來我知道，著名人類學家克羅伯曾提出過一個問題：爲什麽天才成群地來？看來這種現象的出現並非中國所獨有，思考其所以然的也大有人在。而在那一次世紀之交中國的情況，似乎應驗了「天才成群地來」這個令克氏久久不解的疑問。錢學森先生曾從相反的方向提出了相同的疑問：爲什麽我們這個時代出現不了杰出人才？後來人們稱這個問題爲「錢學森之謎」。

要回答這些疑問不是件容易的事。與其迅速地囫圇地探尋，不如先多了解那些讓中國近代學術（應該包括人文科學和自然科學）史上閃耀着光輝的大師們的作品和自述，從而在腦海里盡量「復原」他們所處的環境和在那種環境下的心理路徑，從中或許可以得到一些啓示。

有一點是顯然的，這就是他們雖然都已遠離塵世而去，但是他們獨立思考的品性、求知治學的真誠、困厄窮愁中對節操的堅守，恐怕是他們共同的主觀因素，一直影響到現在，而且將會永遠留存下去。

就思想界、學術界而言，二十世紀上半葉是一個新説和舊説碰撞，中學和西學融匯的大時代。那時的學人極爲重視言行操守，同時具備現代知識分子的理想信念；他們的學術研究十分純净，絶少功利因素；他們的視界開闊，以包容的心態和嚴謹的風格造就了成果的大氣與厚重。至於在客觀因素一面，他們實際是在用工業化時代的事實解説着太史公所説的名山之作「大抵聖賢發憤之所爲作」，困厄苦難使得他們「皆意有所鬱結」。這種鬱結，幾乎和個人的名利毫無牽涉，他們永遠不能釋懷的，是民族的存亡、國運的興衰、民衆的福禍和文脈的續斷。

那個時代也是近代歷史上最大規模的中西古今學術調適、創新的時期，學術方法上的交互滲透和融合、創新亦可謂「於斯爲盛」。斯時之學人是要在封閉的屋墻上鑿出窗子的勇士，是使人能够看看外部世界的第一批導夫先路者；或者可以説，他們是在「意有所鬱結」時「彷徨」和「吶喊」的「狂人」。

相對於那時的哲人們，後來者是幸運兒。現在的形勢是，近三十年來學界空前繁榮，衆多學科有了長足之進，其中很重要的一點是學界有了更新穎、更廣闊的國際視野，似乎接續上了百年前的學壇盛事。但細想想，「古」與「今」還是有差别的。其异，主要不在於世界情勢、學術進展、工具改善這些客觀存在，而在於在廣泛吸收各國優長的同時，自身文化的主體性越來越受到重視，换言之，「拿來主義」已經延長了「拿來」的程序，加上了試用、甄别、篩選、吸收、融合、成長。就我孤陋所見，在當今地球上，面向所有異質文明，努力汲取我之所缺，其範圍之大和心態之切，似乎無出中國之右者。從這個角度説，我們已經超越了前輩。但是事情還有另外一面，學術，特别是人文學科，其職業化、「沙龍化」和功利性，以及隨之而來的浮躁病却嚴重了。從這個角度説，是不是我們已經後退得够可以的了？而這是不是我們這個時代出不了大師的原因之一呢？

民國學術界的特點之一是極爲注重對傳統的反省、批判與繼承。他們對傳統文化盡最大的努力進行整理和研究。一方面，由於戰亂頻仍，民不聊生，學者們擔起了讓中華文化薪火相傳的歷史責任；另一方面，他們要通過對中國傳統文化的整理、挖掘來重振民族自信心。這一時期對傳統文化進行整理的全面而深入是前所未有的，舉凡文字學、語言學、經濟學、法學、哲學、政治制度、書法繪畫、金石學……規模之宏大，研究之精微，令人嘆爲觀止。

民國學術推動了現代學科體系的建立。在對傳統文化整理和研究的基礎上，吸收西方的文化思想和理念，推動和建立了中國現代學科體系。例如，在對語言文字和音韵學成果進行整理、研究的基礎上開始着手規範之，建立了國語學；深入研究書法、國畫，將其融入了現代美術學科；在廢除舊有學制後逐步建立起小、中、大學較完整的科目和學科體系。

民國學術也改變了傳統學術方式，建立了新的研究範式。以現代科學考古爲發端，科研的實踐和成果使中國知識界真正認識到在實驗、比較基礎上的邏輯分析對學術研究的重要，推進了中國學術的一大演變。至於我們常説的打破士大夫傳統、走出書齋到田野鄉村和市民中進行調查研究、結束了經學時代、以歷史眼光檢視儒學和諸子等等，都是確立新學術範式的努力。這一轉變，也標誌着中國學術界脱胎换骨，全面進入了現代，爲此後的學術發展奠定了堅實的基礎。當然，西方啓蒙運動以來，在「現代性」和「現代化」裏潛伏着的缺陷和謬誤也傳到了中國，這些不能不在前哲的著作裏留下痕迹。這並不奇怪。類似的情況，古往今來孰能免之？猶如今天的我們，誰敢自稱我之所見就是永恒的真理？在這個問題上兩個時代所異者，或許就在昔時大家創立新説或譯註西學著作，往往是懷着對學術和前哲的敬畏而爲之，故而常常誤不在我；當今則往往出於對學問和他人的輕蔑，或以所研究的對象爲謀己的工具，因而難辭主觀之咎吧。翻閲他們的心血之作，這些復雜的狀況可以顯見，可以視之爲我們的一面鏡子。

滄海桑田，世事變幻，歷史的動盪和時代的遮蔽，使當年許多大師的一些極有價值的學術著作被棄於故紙堆中，不能不令人有遺珠之憾。爲此，山西人民出版社不惜以數年之艱辛，披沙瀝金，編輯出版這套近代名家散佚學術著作叢刊，凡一百二十册，計文學、史學、政治與法律、美學與文藝理論、民族風俗、宗教與哲學、經濟、語言文獻共八大類別。所選皆爲作者之純學術著作，無論是其見解、精神，抑或是其時代烙印，都是後輩學人可資借鑒的寶貴財富。他們出版這套叢書，意在讓世人不忘來程，知篳路藍縷之不易，爲民族文化的傳承再增薪木。

出版社的初衷，與我近年來所思所慮近似，故願略述淺見於書端，以與策劃者、編輯者和讀者共勉。

二〇一四年七月六日

改定於自安東回京途中

# 前言

◇王繼軍

一切歷史都是當代史，人類歷史具有延續性，現實之中包含着歷史的因素，割不斷的傳統深刻地影響着當代社會；歷史可以從當代的角度去發現和解讀，當代所面臨的現實問題，促使我們去追尋它形成的根源，去叩問前人的智慧，以資借鑒。在平静緩慢、綿延不絶的歷史長河中，總有那麽一些波瀾壯闊、起伏跌宕的時期，它們所孕育的巨大轉折價值和意義深深地影響着後來者。近代中國社會經歷了亘古未有的大變革。就經濟而言，傳統的自然經濟結構受到衝擊，資本主義因素的工商業在經濟體係中佔據越來越重要的地位；在政治上，帝制衰敗，共和肇興；在法律方面，傳統的法律典章再也不能够適應富强、民主、自由、科學的社會需要，西法東漸，勢不可擋；在文化和學術上，東西文化的碰撞、交流與融合，使得發現新資料、運用新方法、創造新範式、提出新思想成爲可能。中國近百年的歷史可以説是一個從傳統社會轉向現代社會的歷史。

開放的思想是人類理性挑戰愚昧的鋭器，自由的學術是世界邁向理想社會的階梯。一代學人以他們廣博的學識、獨立的品格、創造的思維、勤奮的勞動，推出燦若繁星而又堅實厚重的學術成果，爲時代提供智慧的啓迪和思想的指引，以一種獨特的方式積極參與到社會變革的偉大歷史進程來。學術的力量是長久和巨大的，學者的貢獻是不應該被忘記的。

本叢刊政治與法律部分，輯録了于佑虞、聞亦博、曾松友、宋希庠、楊德森、常乃悳、瞿同祖、王振先、熊理、朱章寶、蔡樞衡、趙鳳喈、陳顧遠、郭箴一等名家散佚的論著，其中涉及社會形態、政治制度的歷史與學説、中國古代的倉儲、糧政、勸農、海關、婚姻等制度、婦女問題以及中國法律之精神與法律現象變遷等諸多方面的重要論題。這些論著具有資料豐富、考證翔實和「思他人所未思，言他人之未言」的共同特徵，又在方法、結構、風格方面展現出摇曳多姿的形態。有的長於叙事，爬梳整理，去僞存真，娓娓道來；有的善於思辨，歸納演繹，比較剖析，鞭辟入裏；有的體大思精，在宏大的架構中闡説精妙的見解；有的以小見大，於細微處見精神。這些論著無疑成爲中國學術史上的瑰寶。

閲讀是一種交流，研習先輩學人的著作，就仿佛與杰出的心靈展開了一場穿越時空的對話；閲讀是一種沉思，浸潤於那些深邃的思想裏，使我們得以忘却外部的喧囂與繁華；閲讀是一種旅行，我們汲取歷史的滋養，再向更遠處出發。

是爲序。

## 作者簡介

常乃悳(一八九八年—一九四七年)，原名乃瑛，字燕生，筆名凡民、平生、萍之、惠之等。其治學範圍廣泛，除歷史、教育、哲學外，還包括社會學、文學、佛學等領域，另外在詩詞的寫作上也頗有功底。

# 中國政治制度小史

## 序

民國十四年秋，作者在燕京大學，擔任中國歷史教科，校中規定課程，有國史鳥瞰一門，本係爲諸生略肄習本國史之大概而設，事屬于創立，以前無可資仿習之榜樣，作者不得已，乃自出心裁，編成一部講義，大體以梁任公先生理想的國史教本目錄爲輪廓，分爲五類，首叙民族的搆成及發展，次序政治，經濟，社會生活及學術思想的發展情形，打破了按時代順序的舊史體裁，隨講隨編，尙能得一般學生之樂聽。全書編成後，卽名之爲中國史鳥瞰，自行出資付印，交北京文化書社代爲發行。惟在校時以課程時間的關係，故內容分配未能平勻，上編只述民族的發展，獨占一册，下編合政治，經濟，社會，學術等共占一册，所以自己常覺得不滿意，而思有以改作之。今春在家無事，乃動手改作政治制度之一部，至秋間完稿，合計約四五萬言，較之鳥瞰舊稿十分已改其八，欲以之加入鳥瞰之內，則以其餘經濟等三編尚未改作，未免材料仍不勻稱，故決意獨立成爲一書，而名之曰中國政治制度小史。因原來講義爲省文字起見，故採用文言，但絕無古奧難懂之字句。當現在中國法制史尚未見有完善之本以先，這種小册子的出現，或也可補助學者于萬一罷。

民國十七年四月

常乃悳序于上海旅次

# 中國政治制度小史目錄

# 中國政治制度小史

## 第一章　歷史上政治權力之變遷及其演進

凡一國政治必有其主權之所寄焉，如民主國家之主權在國民，君主專制之國主權在君，此其爲例，或以明文定之，或以不明文定之，然考其政治組織之形式，與夫所以運用之精神，則其國家主權何在，可立知也。我國政治權力之寄託，從古至今有三變焉：上古時代爲封建政治，其政治之權力在於少數之貴族，君主與平民皆無最後決定之權，此爲一時期；自秦以降，君主專制之局形成，大權操於一人，羣庶皆爲奴役，歷漢晉唐宋以迄於清，愈演愈進，蓋二千年來皆在此時期中，然細分之，則隋以前中央集權之勢猶未穩固，貴族之餘跡猶存，自隋以後，乃眞成君主一人專制之局面，是此一時期中又自有前後期之不同也。及清末海禁既開，民權思想輸入，君主專制政體遂無存在之餘地，然民國以後，專制之形式雖覆，法治之精神尙未普及，獨裁與武力統一之迷夢，猶盤據於大多數人之腦筋中，雖最後之勝利，終在民衆，不難預卜，然此時期固不能不承認猶在專制與民治之過渡時代也，此又爲一時期。

統此三代，劃分四期如左：

一曰貴族政治或封建政治時代（自上古至春秋末）

二曰貴族政治與君主專制政治之過渡時代（自先秦至隋）

三曰君主專制政治成熟時代（自唐至清）

四曰君主專制政治與民主政治之過渡時代（今日）

## 第一節　貴族政治或封建政治之盛衰

自古初開化之國，其政治權力，恆不在君，不在民，而在少數貴族之手，逮社會進化之後，此種政治始漸衰微。我國自有史之初，卽爲貴族政治，唐虞之禪讓，說者謂其時君主不過貴族之一首領，同族之中互相授受，乃其常例，非若後世、斂屜天下之難能，故不足爲怪。降至夏商，其政治之運用雖無明文，然觀書籍之所載，凡出師用衆遷國授官諸事，無不先詢之於父老，託之於宗室，其貴族勢力之未嘗減削可斷言也。周以親親立國，貴族勢力更加穩固，兄弟甥舅分封於列邦爲諸侯國君者無論矣，王朝之內，則周召二公世爲輔政，皆周之同姓，其餘世卿若單劉虢諸氏皆貴族之最著者，故厲王出奔，則周召二公共和爲政，平王東遷，則晉鄭二國是輔，是依皆貴族政治之證也。其餘諸侯亦多效周制，或以同姓宗室爲輔政，如魯之三桓鄭之七穆，或以異姓世卿爲輔政，如齊之高國，晉之六卿是也。蓋其時貴族皆父子遞傳，世守其官，有一定之采地，有相當之屬民，與君主地位相差不遠；其時之社會組織實爲一寶塔式，尖端爲天子，其下爲諸侯國君，其下爲卿大夫，而卿大夫之家，又各有其私宰私屬，此實封建制度之極精密的組織，亦貴族政治之極圓滿的發展也。

此種制度至春秋時，因王權失墜，禮教不能束縛人心之結果，遂趨於破裂；以臣逐君，以下凌上之事，層見疊出，而政治失其秩序與重心，降至戰國，人主務抑貴族，而用布衣，處士橫議，世卿制打破而此時代遂告終矣。

## 第二節　君主專制政治之初起

戰國之時，爲君主專治政治代貴族政治而興之過渡時代，首先應此時勢而卒收富强之效者爲秦國。秦自孝公用商鞅以來，卽專以裁抑豪强整齊風俗爲務，故六國之時，惟秦專用客卿，雖由其公族勢力自來微弱，亦秦君主不加信任之故也。及以此統一天下之後，其君臣更曉然於君主專制之遠勝於貴族政治。更力爲剷除貴族政治之設施，廢封建，立郡縣，收地方政軍之權於中央，徙六國豪族於咸陽，以減殺其地方反抗之勢，然其時貴族之潛勢力猶甚大，壓抑愈激，反抗力亦愈甚，項羽卒以楚國貴族之舊勢力而亡秦。秦亡之後，六國紛紛自立，皆各國貴族爲之主動也。然劉項爭衡，貴族出身之項羽，卒敗於平民出身之劉邦，項羽以封六國後而亡，漢高以銷六國封印而成功，貴族政治之大勢已去，蓋可知矣。

自是以後，漢以一姓傳國至四百年，君主一尊之基礎遂穩固，惟貴族政治之餘勢，究未能完全消滅。漢初定鼎，卽分封諸侯王，以爲屏衛，至七國之變，而告一段落。西漢末葉，外戚勢力代之而起，東漢一代因之不改，此種外戚政治，自隋唐以後，絕少其例，而獨盛於西漢者，良以去古未遠，貴族政治之積習猶存故也。東漢一代，外戚與宦官交搆，殆可視爲君主專制與貴族政治之爭鬥，史蓋宦官之所依賴者，爲君主個人之勢力，而外戚則貴族之勢力也。其結果何進袁紹以外戚世家之力，卒盡殺宦官，而造成諸侯割據之局，則貴族政治之不易剷除，抑可知矣。西晉八王之亂，又其餘勢之更顯著者也。

自五胡亂華，中原故族多受蹂躪，貴族勢力爲之一殺，然進入中國之異族，其本族之貴族勢力，殆較諸夏爲尤大，而華夏故族，則因家族之外，又重以民族之苦痛，於是更激而爲反抗之勢，益堅其壁壘以對外人，故六朝之際，貴族政治反似有復興之勢：北朝之望族曰范陽盧氏，滎陽鄭氏，清河博陵二崔氏，南朝之望族曰瑯琊王氏，陳國謝氏，皆峻其門閥，不與他姓通交際，甚如北朝貴族，至不與帝室通婚姻，此風至唐未滅，唐文宗至有『我家二百年天子反不若崔盧』之歎，（見唐書杜羔傳）可見其潛勢力之大矣。惟自唐朝以後，貴族在社會上之地位雖依舊，而其政治上之地位則逐漸低降，至於全無，蓋科舉制度之創立與有關係要之，自隋以前，蓋可謂君主專制與貴族政治之爭鬥時期，而貴族政治則日趨失敗，此一大勢所在，非一二人所能改變者也。

## 第三節　君主專制政治成熟時代

貴族政治自三代以後，即已日趨衰落，前節已言之矣。漢初裂土分封，不旋踵而皆被夷滅。外戚之專政，不過假女后之私蔭，方鎭之割據，又皆屬一時之變態，其與三代諸侯世守其國，貴族世柄其政者，固已殊矣。六朝之貴族雖盛，特社會上一種地位耳，其於政治實權，蓋微之至也。此種趨勢，皆足爲貴族政治已不適於時代之徵，及隋煬帝創科舉之制，布衣卿相之局大成，而君主專制遂趨於成熟。唐人繼之，其制最爲便於君主。其封建也，仍有親王，郡王，國公，郡縣開國公，侯，伯，子，男等九等之號，而無官土，其加實封者，則實其所封，分食諸邦，以租調給之。王侯不必親臨其國，惟在京師衣食租稅而已。於是貴族之勢，遂全殺矣。宋代鑒藩鎮之敝，務削地方實權而集於中央，故有宋一代，有外患，有盜賊，而無貴族諸王之亂，此專制政治之極軌也。金元以異族入主中國，其宗室諸王勢力甚大，故帝位時有攘奪之事，然此屬異族特有，與中國固有習慣，固無影響也。明初亦有分封，且屢釀變亂，然以視漢七國、晉八王，則微乎其微矣。清代亦以異族侵入，其初貴族勢力亦頗強，雍正以後，務除宗室，實行集權專制政體，遂臻大成。其制元功宗親皆留京師，宗室自親王以下，至奉恩將軍，列爵九等，皆予以直隸及關東之田，功臣自一等公以下，至恩騎尉，列爵二十六等，皆予俸，無官受世職，單俸，有官受雙俸。故其貴族有祿而無權，不得與君主相抗焉。

自唐以後，不但貴族封建之勢全殺，即宰相之權，亦逐漸剝奪，寖假而一國之政治，惟君主一人之喜怒是定。其詳俟下章述之。要之君主專制之局，始於秦漢，盛於唐，而大成於明清。明之宦寺，以概豎而杖殺大臣，無不如意，其所竊者，君主之威也。清之女后，以婦人而駕馭功臣無不帖服，其所憑者，君臣之義也。專制之局至此而極，專制之禍亦至此而甚矣。

## 第四節　民主共和政治之開始及其將來

君主專制政治既至明清而極盛，物極必反，理有固然，故至明清之交，而反動思想遂生，黃梨洲之明夷待訪錄其最著者也。至清末歐西文化輸入，民主思想遂因而潛滋。台灣之割於日，台人舉唐景崧爲總統以抗敵，事雖不成，然可爲中國民主之嚆矢焉。自後民主思想與種族思想相結合，產生以推翻清朝爲目的之革命黨，戰勝穩健之君憲黨，而中華民國遂告成立，此爲民主共和對君主專制之第一次勝利。

民國成立後，反動思想猶不能遽爾撲滅，故有袁世凱之帝制運動，張勳之復辟運動，兩次運動俱失敗之後，共和政體始保穩固，至今日雖軍閥專恣，人民無力，然卒無有敢昌言恢復帝制者。且自民國十三年取銷清室優待條件，驅逐溥儀出宮後，復辟之機，又爲之一挫。自今已往，共和政體，其保之萬年矣乎。

雖然共和政治，雖幾於長久矣，然猶未得爲果安也。夫共和政治之精髓在憲法，民國創立十五年，憲法至今尙未定出。（曹氏憲法不爲人民所信仰不足爲據）甚至碩果僅存之臨時約法亦庋之高閣。人民既無參政之機會，國安得謂之民國。至於權利自由之橫被非法摧殘者更無論矣。故民國之名雖在，而民國之實尙未完成，此不得不賴人民之努力也。

繼自今已往，其足爲民主共和政治之顯患者，以吾觀之，約有數種。一曰復辟遺老，二曰强橫軍閥，三曰迷信一階級專政之共產黨，四曰與共產黨相反相成之棒喝團。其中自以二三兩種刻最跋扈，第一種已成過去，第四種尙未發現。然全民政治究爲最進化之政治理想，一切反動勢力，終必自行消滅耳。

## 第二章　中樞政權之推移

政治運用之中樞在於內閣，此爲各國所同然。吾國歷史上「內閣」之名雖起於明初，然自三代以上已有「相」職，其權固等於後世之內閣也。惟歷代因君主權力之消長，宰相一職各朝待遇頗不相同，或分之於數人，或總之於一部，或僅爲君主之輔弼，或總攬政治之大權，析而言之，可分爲七代。

一、公卿輔政時代（三代）
二、丞相獨掌政權時代（秦及西漢）
三、三省迭掌政權時代（東漢至六朝）
四、三省合掌政權時代（隋至宋）
五、中書省獨掌政權時代（元）
六、內閣合掌政權時代（明清）
七、責任內閣時代（民國）

## 第一節　三代以前之公卿輔政

宰相一職，雖爲後世所設立，然古代亦未嘗無類似之官，且上古爲貴族政治時代：天子之與羣臣，相去不遠。凡爲天子者，外則有諸侯，內則有公卿大夫，爲之輔弼，公卿大夫，卽後世之宰相以及百官也。所不同者，後世之百官，皆以各人之才力取得之，而三代之官職，則皆爲貴族所世守。此種公卿大夫，其本身旣皆爲貴族，故與外諸侯之地位相同，所不同者，惟一在內一在外耳。諸侯之國，亦各有卿大夫爲之輔弼，而公卿大夫又各有封地采邑，有家宰代處理其私邑之事，其與封建諸侯所差固無幾也。

惟上古制度簡略，雖有相職而無相名。黃帝相傳有風后力牧常先大鴻等四相，蓋後人附會之辭，堯之命舜，舜之命禹，皆以綜百揆命之，其與後世相職固無以異，然未聞有特設之名也（綜百揆非官名）。夏代不聞有相職，其爲本無或史文闕略，不得而知。商初有二相，以伊尹仲虺爲之，相之名蓋始此，然據歷代職官表言『三代置相雖本左右輔相之義，非設有是官』，可見其時仍未有相之專職，不過以伊尹在商之地位言之，蓋可稱爲實際之相而無愧耳。周初周公召公夾輔成王，亦與相無異。降及春秋，王室以及各國均有世卿，其卿之有幹才者，恆執國之大權，如齊之管仲，晉之趙盾，郤克，楚之子文孫叔敖，秦之蹇叔百里奚，衞之孫林父，魯之季孫氏均是。惟各國之名義不同，晉則有中軍元帥，楚則有令尹，餘國則皆以師爲之。大抵晉之元帥兼理軍政，楚之令尹則專理民事，故楚制實開後來相制之先焉。

## 第二節　秦漢之丞相制度

相之設職，實起于戰國時代，蘇秦佩六國相印，秦武王初置丞相，以樗理疾，甘茂爲左右丞相，始皇尊立呂不韋爲相國，可見相，丞相，相國，諸名皆自戰國時起。通典謂相國丞相皆秦官，然秦初但有左右庶長而無相職，蘇秦之相六國尙在秦前，可見之名非起于秦也。惟「丞相」「相國」之名起于秦耳。自秦統一中國，于是相國及丞相遂成爲『掌丞天子助理萬幾』之官，而相國較丞相尤尊。漢初或單稱相國，或單稱丞相，其職權皆相同。漢之丞相乃副貳天子，以天子共治天下，故其權最重，非天子之私人。故漢儀曰「天子爲丞相起，天子爲丞相輿」相權尊嚴可見一斑。自漢武帝以後，天子漸忌宰相之權，謀加以削減，故丞相多得罪而去。成帝用何武之言，設立大司馬，大司空；與丞相共爲三公，同掌國政，丞相之權，遂分而爲三，至東漢以太尉，司徒，司空爲三公，而丞相之名，遂隱。西漢之丞相，但爲政務官，東漢則皆兼領事務之官，此又不同者也。

## 第三節　尚書，中書，門下之迭掌政務

漢初丞相，必經二千石（郡國守相）中二千石（九卿）著有政聲者，歷御史大夫（丞相之副）乃得爲之，其位高，其望重，非天子所得指揮，故天子恆不便之，于是恆利用己之左右，使潛奪丞相之權，此尚書等職之所以重也。尚書本一微職，自漢武以宦者典其事，其權漸重，其末年以霍光領尚書事，以後遂成爲要職。東漢光武亦信任尚書，而不任三公，明帝以後，三公錄尚書者，始得預聞國政，于是三公成爲虛榮，而尚書乃成實際之宰相矣。東漢一代，相沿未改。魏文帝設中書令及中書監，皆以其親信爲之，于是中書之權，乃漸駕尚書而上。六朝時代，門下省侍中，掌詔令機密，則侍中又成重要政務官。漢之尚書，魏之中書，六朝之侍中，皆以天子近臣，寖假而成政府重要職

官，其變遷之故，皆由于天子之私心，此蓋專制時代之常事也。

## 第四節 三省之同掌政權

後周宇文泰仿周禮以大冢宰爲丞相之任，此爲一時變相，于後來無甚關係。隋初以尙書門下內史（卽中書）三省同行宰相之職，于是中樞政權遂由一省獨掌，變爲三省同掌。唐代因之，尙書省綜理政務，統率百官，門下省出納帝命，親駁非違，中書省獻納制册，敷揚宣勞，一方共議國政，一方分掌職權。尙書省設尙書令及左右僕射，門下省設侍中，中書省設中書令。此三省長官位置既崇，不欲輕以授人，故實際上宰相皆以他官兼領，或曰「參議得失」，或曰「參知政事」以及「同中書門下三品」「同平章事」之類，皆實行宰相之職權者也。宋代因唐之舊，仍以三省同掌國政，且其職權較爲清晰，卽中書取旨，門下覆議，尙書施行，然行之實際，則手續繁重，辦事動多遲滯，故多有建議改革者焉。

## 第五節 中書省之獨掌政權

宋代雖三省並立然中書取旨與君主接觸機會較多故其權亦較大至元乃撤廢二省以中書獨掌政權，尙書左右兩司曹屬皆變爲中書省官，此爲制度上一大變革。其法蓋承之于金惟金制係單設尙書省，元制則單設中書省耳。元之制度以中書治民，以樞密掌兵以御史台掌糾彈中書省設中書令一人，下設左右丞相實際上則丞相處理國政，中書令形同虛設焉。

## 第六節　明淸兩代內閣之產生

明初沿元舊制，設中書省，置左右相國及平章政事等官，其後太祖爲集權起見，廢中書省以六部分掌政務，于是宰相遂廢。然君主一人獨裁勢不能久，故至永樂以後，內閣大學士遂漸進而與天子參議機密承宰相之乏，仁宣二朝，三楊以元老領閣事，閣權之重，非六部所能比，自此以後，六部凡事必秉承閣老之意，而內閣大學士成爲實際之宰相矣。惟此時內閣人數甚多，非如古代宰相之但屬于一人或二人，故其權較分，此亦專制政體之又一進步也。淸代因明之制，設滿漢大學士各二人，協辦大學士滿漢各一人，同掌政務。雍正時因西北軍務，設軍機處，其後軍權大臣漸奪內閣之權，成爲眞正之宰相。至末年內閣但爲虛榮，非兼任軍機大臣者不得參議國政，此則又政制之一變也。

## 第七節　現今之責任內閣制度

清末立憲之議既起，于是主張採歐美制度改革內閣者亦多，宣統三年清廷頒新內閣官制十九條，仿歐美制度，設內閣總理及各部大臣共議國政，是爲責任內閣制度實行之始。民國成立，其初採總統制，後臨時約法則規定採用法國制，設國務院，仍以內閣總理總攬國務，而總統無權。袁項城病其于己不便，牽廢約法而改新約法，取總統制，設政事堂，其領袖爲國務卿，下設左右二丞，輔弼總統，執行政務。袁氏敗後，舊約法恢復，諸制仍舊，于是時聞有府院之爭。至民國十三年六月，總統黎元洪被逼去職，由內閣攝行職權。民國十四年段祺瑞廢約法，改用臨時執政制。段氏失敗後，內閣恢復，因無總統，故攝行政權，表面上觀之似內閣之權大增，實則全受實力派之指揮，守府而已。又民國六年西南獨立後，設年政府，舉大元帥，後實行委員制，以七總裁執政。民十以後又選舉非常總統。現今則採用委員制。雖制度變遷甚多，然于內閣制無關焉。

## 第三章　歷代中央官制之變遷

任何民族，凡某政治組織進至相當程度之後，必有職官之設立，而當封建制度未打破以前，內官制尤先于外官制，此亦一定之步數也。吾國內官制相傳自伏羲氏已有規模；自是以後，歷代相沿，撮其變化之大略，可分五期如下：

一、神治時代（陶唐氏以前）

二、人治開始時代（唐虞三代）

三、九卿分職時代（秦漢至六朝）

四、六部分職時代（隋唐至清）

## 五、新官制時代（淸至今日）

### 第一節　上古之設官事神

吾國內官之設立，相傳始于伏羲，考之左氏，伏羲氏以龍紀，故爲龍師龍官，共工氏以水紀，故曰水師水名；神農以火紀，故曰火師火名；黃帝雲師雲名，少皞鳥師鳥名；自顓頊以來不能紀遠，乃紀于近，爲民師而名以民事。通考馬氏端臨論之曰：陶唐氏以前之官，所治者天事也，虞夏以後之官，所治者民事也。太古法制簡略，不可得而詳，然以經傳所載考之，則自伏羲以至帝堯，其所命之官，大率爲治歷明時而已。馬氏此論誠得歷史之眞相。蓋上古之時，政敎未分，事神重于治人，所以設官，爲神而已。其後民事漸繁，乃有治民之官，然其始亦惟注重于歷象天文，以爲人神之溝通而已。考之西方各國，上古皆有宗敎巫師，專掌事神之術，旁及天文推步，此蓋歷史進化通象，各國皆然。中國古代情形，諒亦不過如此而已。其時之君主不過宗敎之首領，其百官亦但爲執行宗敎職務而設，與後世之官，固微有不同也。

## 第二節　爲民設官之開始

由事神之官，進而至于治民之官，其端起于顓頊氏以來，而徵之歷史之確可信者，蓋始于舜。當唐堯之時，猶承上古之舊，命官惟及羲和，所事不過歷象，逾此以往，無所施設。及舜攝政以後，雖璿璣玉衡，猶以齊七政爲首務，然分命九官，則已皆以之治民，而未嘗及天事，蓋至是而民事始重于天事，政治進化，已離神治時代而入於人治時代矣。故謂舜之官制，爲官制一大變遷可也。自是以後，神治遂衰，至周時成王所以命官，僅三公三孤，尚有燮理陰陽，寅亮天地二語，稍涉於天事，而冢宰以下，便理民事，雖其六官，尚承襲上古之名，然考其所掌，則已俱非天地四時之事，而爲治教禮兵刑土等民事矣。其專掌事神之官，若馮相氏，保章氏，挈壺氏等，則不過三百六十屬吏之一，觀官制之變遷，可以覘神治人治之升降矣。

虞舜設官，有司空，后稷，司徒，士，共工，虞，秩宗，典樂，納言等職，實爲三代所因依。夏有六卿，其職略同於虞。殷制，有六太（太宰，太宗，太史，太祝，太士，太卜）五官（司徒，司馬，司空司士司寇）六府（司土，司木司水，司草司器，司貨）六工（土工，金工，石工，木工，獸工草工）六太爲事神之官，五官以下則治民事者也。周制據周禮所載，有天地春夏秋冬六官，謂之六卿，各有官屬，此爲古文家之說。今文家則據王制，及春秋繁露，均謂天子有三公九卿二十七大夫八十一元士。今古文家說法頗有不同。愚意今文家如王制，春秋，秋繁，白虎通等書，皆漢儒所作，其所言九卿，恐係抄襲漢制。古文家如周禮等，其書雖不足信，然其言六卿，頗合于尚書，左傳等紀載。觀左傳所載春秋列國官制，尚多沿六卿之舊，則可知周之制度爲如何矣。

## 第三節　秦漢以後之九卿制度

周之制度，自春秋末年，已經破壞，戰國時代，列國各有創制，莫能劃一。秦統一天下，取三權鼎立制度，以丞相治民，以太尉主兵，以御史大夫掌糾彈。此三機關者，皆內自中央，外及郡縣，各有統屬，以互相牽繫。丞相之下，設九卿，分掌庶事，蓋與今之各部相同。西漢制度，全與秦同。其九卿爲太常（掌宗廟禮儀）光祿勳（掌宮殿掖戶）衛尉

（掌官門衛屯兵）太僕（掌輿馬）廷尉（掌刑辟）大鴻臚（掌諸歸義蠻夷）宗正（掌親屬）大司農（掌穀貨）少府（掌山澤之稅）。漢之九卿所以與後世九卿不同者，蓋後世九卿，但爲命官之秩，而無所事事，漢之九卿，則各有掌職，爲實任事務官也。東漢除廢丞相及御史大夫，以太尉司徒司空爲三公，分部九卿，外餘制仍同漢。魏晉六朝相沿無改，及北周宇文泰師古作六官，而後六部乃代九卿爲實際事務官矣。

## 第四節　唐以後之六部制度

自魏晉以後，尚書之權漸重，于是有各部尚書代九卿而起。吏部初名選部，三國魏始改今名。戶部初名度支，三國吳時始有戶部之名。禮部初名祠部，又名儀曹，北周始名禮部。兵部起于三國魏之五兵尚書，後魏又名七兵，隋始有兵部之名。刑部始于晉之三公尚書，宋有三公比部都官等名，皆主司法，隋始改都官爲刑部。工部在三國魏名左民尚書，晉宋以來則名起部，隋乃有工部之名。凡此六官，其始固皆九卿之屬官，如今之各部司科之類，非能總攝全部者。然因其首長爲尙書之故，自東漢以後，遂隨尙書之權而日增重。至北周用蘇綽之議，仿周禮作六官，雖不用六部之名，而六部之局已定矣。隋繼周興，尙未盡採其制。唐初始確定吏戶禮兵刑工六部之名，以之分掌庶事，而隸于三省。自是以後，九卿之權，遂移轉于六部矣。歷宋元明淸，皆以六部掌庶事，相沿無改。其間獨宋之制度稍有殊異。宋代雖有六部，而每于六部以外另設專職以分其權。如財政則有鹽鐵度支二使，與戶部合稱三司，分掌其事。軍政則兵部之上又設樞密使，其權較兵部尤大。故宋之制度，中書制民，三司理財，樞密治兵，其將軍財政獨立于民政之外，蓋有集權之意。其制度之發生，則皆由于唐末藩鎭跋扈，任意創制之結果。總之，宋之官階，但以定祿秩而已。其所掌職務如何，全視臨時差遣而定，此亦官制上一大變遷也。遼金官制，各依本國習俗，略參漢制。遼有南北兩政府，北面治宮帳，部族，屬國之政。南面治漢人州縣租賦車馬之事。北面多屬契丹舊制，南面則仿自漢人。金代略仿遼宋，無大變更。元滅宋後，始釐定官制，以中書省總政務，以樞密院秉兵權，以御史台司黜陟。此外則關于宗教、工藝、理財，亦各有特設之官，然爲時甚暫，無大影響。明沿六部之制，且其初年曾廢宰相，惟以六部議政，故部權甚增。其後內閣成立，而六部尚書又皆成事務官矣。清之制度，大率沿明，無所更易，直至末年，始改從新制云。

## 第五節　清末至民國之新官制

清代內官制，除理藩院爲增設機關外，其餘大率沿襲明朝。及其末年，環境改變，事務紛繁，乃不得不順應時勢，增設衙署。咸豐十年，特設總理各國事務衙門，以王公大臣管理。光緒二十七年，改爲外交部。光緒三十二年，採用西法，改訂新官制，設外務、吏、民政、度支、禮、學、陸軍、農工商、郵傳、理藩、法十一部。除外務部有管部大臣、會辦大臣，位在尚侍之上外，餘均設一尚書（後改爲大臣）、兩侍郎，領部務。宣統元年，增設海軍部、諮議府，尚書皆改爲大臣，而裁吏、禮二部，併入內閣。民國革命，南京政府時代，採總統制，行政部僅有五部，卽外交、內務、財政、軍務、交通。每部設部長一人，綜理本部事務。

正式政府成立增設海軍，司法，教育，農林，工商，等五部。與國務總理合組國務會議，議論國政其後將農林工商二部合併爲農商部共爲九部。國務院設參議八人，秘書長一人，下附設法制，銓叙，統計，印鑄四局，及僑工事務局，全國水利局等機關。各部設總長一人，次長一人或二人，參事四人或三人，再下則爲司長秘書簽事主事等職。

# 第四章　歷代地方制度之變遷

地方制度，自古至今，凡有數變，其變遷之原因，有由于疆域之變更者，有由于權力之增縮者，有由于歷史之沿襲者，約而論之，可分爲六代如下：

一、諸侯封建時代（三代以上）

二、郡國雜立時代（秦及西漢）

三、三級州郡時代（東漢至唐）

四、路制時代（宋）

五、行省時代（元明淸）

六、省自治醞釀時代（今日）

## 第一節　封建時代之地方制度

上古時代，列國分立，各戴酋長，名雖統于一君，實則各有歷史統系，非天子所能建立哉？惟自黃帝以後，歷虞夏商周，君主專制之權愈大，則地方諸侯之勢愈殺，至于周初，遂行封建之制，封建親屬于各地，以其土著酋長相牽制，蓋自是而地方酋長始直接受命于中央，而中央得以命令變遷之矣。禹會塗山，來者萬國，湯之受命，僅存三千，周初封建凡千七百七十三國，雖其數目未必可信，然地方侯國日漸減少，則可信然。其時封建詳制，史文駁雜，莫可確執。王制所載，謂「四海之內九州，州方千里，州建百里之國三十，七十里之國六十，五十里之國百有二十，凡二百一十國，名山大川不以封，其餘以爲附庸間田，八州州二百一十國。天子之縣內方百里之國九，七十里之國二十有一，五十里之國六十有三，凡九州一千七百七十三國，天子之元士，諸侯之附庸不與。」凡此皆漢儒附會之說，未可全信。蓋各州面積廣狹不齊，其間土著國家，原有多少，亦各不等，豈有每州定限以二百一十國之理，此種穿鑿可笑之說，法朱子語錄已早疑之，其爲漢儒臆說，不問可知。又周禮職方氏載：「職方氏乃辨九服之邦國，方千里曰王畿，又其外方五百里曰男服，又其外方五百里曰采服，又其外方五百里曰衞服，又其外方五百里曰鎭服，又其方外五百里曰蕃服。」此爲九服之制，其說太過於整齊劃一，亦不可信。大抵無論今文家言如王制，古文家言如周禮，皆漢儒臆造，漢儒雖去古近，然穿鑿之風亦特甚，稍有常識者，決不能信其爲眞也。依吾人之意，古代列國分立，其初固皆各有種性史源，非天子所能干涉，及後政治進化，中央權張，乃有封建諸侯之舉，無論土著以及封建，其國領土，必皆從歷史之習慣，天然之地勢，與夫民族社會之情形，以爲疆域離合之標準，決非統八州而劃若一致者也。至於各國君長之爵位，其初固皆自相稱號，非有一定，及後中央集權既成，乃有五等之爵；而四岳五霸之類其始固皆沿自習慣；後乃由中央正式設立此職，成爲法定名詞，其變化之跡，固可覆按也。又九州之說，相沿甚久，大約亦不過如今之世界五大洲之劃分，乃自然習慣所命名，非由於中央爲之劃分，與後世郡縣不同。五服九服之說亦同此。所謂九州各有大伯州牧，當亦各地諸侯之雄長者而已，非中央任命之官也。

## 第二節　秦漢之郡縣兩級制度

郡縣之度雖成於秦，然其實秦以前春秋之末戰國之初已有之，特未嘗爲劃一之制度而已。秦幷天下，鑒於封建之尾大不掉，乃採李斯等議，完全廢止封建制度，改建郡縣，分天下爲三十六郡。是時地方制度爲兩級制，上級曰郡，其長曰守，下級曰縣，其長曰令。秦之地方制度有特點，即每一地方取三權分立，而各自直轄於中央是也。如中央政府有丞相，大尉，監御史三職，分掌民事，軍事，監察三權，各郡縣則亦有守，尉，監三職，皆直接受中央上級機關之統屬，蓋郡縣之權不集於一部，則自無反抗中央之能力，此乃集權政策之極軌也。然封建制度行之千年，一旦欲澈底變更，自易惹起反動。故秦亡而六國紛紛自立，項羽宰割分封，幾有完全恢復舊狀之勢。漢興，雖用張良之策，取鈞六國封郡，然猶不能盡除封建，乃用郡國雜處之制。其封縣制度，大半仿自秦朝。秦漢郡縣制度之優點，卽在階級不多，地方政務得以上達，轄地不大，守令視察得以周及，故西漢循吏特多，雖由人主之提倡，亦制度之優良故也。又西漢守令多久於其任，有勞績者，但增祿而不遷秩，故能盡心乃職，不至見異思遷，治化之良，職此之由云。

## 第三節　自漢迄唐之虛三級地方制度

郡縣之制，雖云較良，然因轄地較小，設置過多，中央不易周察。秦及漢初，所屬不過四十郡，尙易統屬，及漢武以後，北伐匈奴，東滅朝鮮，南平南粵，西通西南夷，西北闢地至玉門，拓地既廣，州郡多至百餘，勢不能不別置地方視察之官，以代行中央職權，此三級制之所由起也。武帝時分天下爲十三郡，十二部各置制史，餘一部直隸於中央之司隸校尉，刺史以六條警察所部，往來巡行，無一定治所，此爲三級制之濫觴。其官實亦由秦之監御史蛻化而來惟權較重耳。然此等刺史不過中央之欽差，並非地方常任親民之官，其地方郡守仍得與中央直接交涉，故此時猶未得謂爲純然之三級制也。及東漢末年，盜賊紛起，乃增重地方之權，改刺史爲州牧，簡九卿等官充任，三級制之確立，實始於此時。然未幾中樞解紐，州牧據地自立，其時之州牧，已非復地方長官而變爲割據軍閥之性質矣。西晉制度，沿自漢末，仍以州爲地方最高行政區域，其下雜設郡國，然封建太多，卒釀八王之亂。東晉以後，疆土日蹙，而州郡反多增置，於是有僑置州郡之滑稽舉動，州之區域愈變愈小，其官大抵由軍閥充任，蓋與地方制度無關也。隋初因州郡重複，乃悉罷諸郡，以州治民，煬帝時又改州爲郡，置司隸及刺史分部巡察。蓋昔時之州本爲郡之上級機關，至是而州漸縮漸小，與郡無異，二者遂有減省合併之必要矣。唐初又改郡爲州，太宗貞觀初，并省州縣，劃天下爲十道，每道設巡察使，後又改按察，采訪處置觀察等名，其職仍係巡察諸郡，並不直理民事，蓋仍漢刺史之意，惟實際上往往侵奪郡縣權限耳。又自開元以後，節度使掌兵馬之大權，地方民政及財賦皆受其支配，軍民合治之風既開，地方制度遂日趨敗壞矣。

總而言之，自漢至唐，地方制度雖名稱屢變，其實則仍係縣郡二級制度，不過於郡上加以監司之官以監督地方行政，成爲虛三級制。其與後世行省之爲確定地方最高行政區域者，固微有不同之也。

## 第四節 宋代中央集權主義下之地方制度

吾國地方官制，自三代以後，殆有兩變：自漢之兩級制度，變爲六朝隋唐之虛三級制，是爲一變；自隋唐之虛三級制度，變爲元以後之行省制（實三級制），是爲又一變；宋之制度，厠於此二大變之中間，恰成閏位焉。然宋之制度亦未嘗無所本也。自唐中葉以後，藩鎭擅權，制度紛置，類多因事設職，毫無系統，宋初銳意集權中央，縮小地方權力，乃因導其勢，廢地方常置各官，惟以朝臣出守列郡，號爲權知軍州事。其時地方制度略分三級，最下級爲縣，縣之上有州府軍監四種名稱，其品位不相上下，是爲一級，再上則有路，設監司大員以統府縣，監司有「師」「漕」「憲」「倉」四官。師爲安撫使，漕爲特運使，憲爲提刑；而倉則提舉平倉，此四官者皆因事設置；有時不必全設；其中安撫轉運二使有總攬地方政務之權，後來行省制度下之撫藩二憲卽由此蛻化云。

## 第五節　元以後之行省制度

行省制度，行之五六百年，已成爲中國之固定制度，其創始之者則元朝也。然元之制度本非獨創，其制仍承之於宋。自宋以路統府州軍，而每路又設各項監司大員，行省之雛形已具，元自朔漠入主本部，其彊域廣漠，不易統屬，除中央政府設中書省外，遠方則分封諸王，各置藩國，中國本部則有行中書省之組織，其原意蓋亦代表中央分治一區，與封建之意相仿，所謂行中書省實卽分政府耳。此種制度本非眞正之地方制度，惟相沿數百年，行之無改，則亦不能遽更矣。元制以行省統路府，以路府統州縣，府亦有隸屬於路，州亦能有統縣者。路府州縣均設「達魯花赤」爲正官。至明朝廢行省而改設布政司以掌民政，設按察司掌刑事，職較布政略低。布政之下有府，府之下爲縣州有直隸及屬州二種，前者略同於府，可以統縣，後者則與縣相等。其後又設分巡分守兵備諸道以巡察地方，或統領地方軍政，其後漸成定員，遂於府州縣之上又添道一級。中葉以後，又有總督巡撫等職，本爲臨時職務，後乃漸駕布政而上，成爲地方之最高職官。清代全因明制，除東三省，蒙藏新疆稍爲特別外，餘均仍行省制度，以總督或巡撫總其成，以布政理財，以按察司刑，其末年則增設提學司及勸業道，爲今日四廳所濫觴。

## 第六節 集權與聯治之推移

民國成立，地方制度大率沿清之舊，惟廢督撫而改民政長，其後又稱省長，爲一省最高首領。其下分道，道有道尹，道下爲縣，縣有縣長，舊之府州俱從省減。開國之初，關於地方政制有兩種意見，一派主張中央集權，廢龐大之行省制，而以道或府爲最高地方行政區域，其意取便於統屬，不致反抗中央。他一派主張因行省之舊，授省以大權，聯省而治，縮小中央權柄。此二派各持之有故，隱成爲國內政治上之大分野。惟國內政黨持論並不堅固，如國民黨昔重分權，今又主集權，進步黨昔主集權；今又主分權，要皆因利乘便不能忠於主張，始終一致。當民三時代，袁世凱勵行集權，廢民政長而代以巡按使，卽爲廢省存道之第一步預備。省長之下分設政務，財政，敎育，實業四廳。俱直接受命於中央，隱以分省長之權。此時集權政策，幾乎成功。乃袁氏死後，軍閥割據，地方之權大漲，於是爲政論者，又多倡聯省自治之論，以謀善導其勢。一時狡黠武人，勢力大者則主中央集權，欲以武力統一貫澈其慾望，勢力小者則多主地方分權，欲以聯省自治保持其地盤，其實按之實際，皆與本意無涉。以著者之意觀之，今日中國地方遼闊，中央不易統屬，非本分權主義，授地方以自定省憲自舉省長之權，不足以改進一切，依現時大勢觀之，主張武力統一之軍閥勢必失敗，閉門自治者，尙能苟延時日，可見大勢所趨，非人力所能挽回。惟中國現行行省制度，地域太廣，區劃亦多不當，如淮水流域之徐海潁亳曹陳等本爲一區，而今以之劃歸四省，漢水流域之漢中襄陽南陽，太湖流域之蘇松嘉湖亦同此例。在昔日專制時代，疆域錯雜，互相牽掣，猶有取義今日若實行地方自治，則必須風土人情相同者始能相安無事。此疆域變更，勢不可少。又現行三級地方制度，道之一級，幾於無事可辦，但以為官階遷轉之過渡，亦殊無謂。為今之計，當廢除行省制度，以道為最高地方行政區域，道長民選，聯道建國，庶幾兩說得以折中，而地方制度各當其實。此著者個人管見，讀者幸察鑒焉。

自民七督軍團作亂以後，地方軍權跋扈，每每干涉民政，儼同唐之藩鎮，故論民國地方制度者，對于軍人情形亦不可不留意焉。

# 第五章　地方自治制度之變遷

一國政治之基礎，不在上層之政府，而在下層之地方自治機關，僅有上層之政府，而無下層之地方自治者，不得謂之真正之政治。吾國地廣民衆，雖在專制時代，政治之權力，亦不能十分伸張，所賴以運用政治者，惟此最下級之地方自治。惟此種制度愈古愈完備至近代則視同具文雖有鄉約地保之類僅爲催借辦差之用眞正之地方自治已變爲純社會的而非復政治制度以內事矣茲述其變遷之迹如下：

一、地方自治制度傳疑時代（周）
二、地方自治制度發達時代（秦漢）
三、地方自治制度破壞時代（六朝時代）
四、地方自治制度復興時代（民國）

## 第一節　周禮上之傳疑的地方制度

上古之事渺以遠矣相傳黃帝始經土設井以塞爭端立步制畝以防不足使八家爲井井開四道而分八宅鑿井于中，一則不洩地氣二則無費一家三則同風俗四則齊巧拙五則通財貨六則存亡更守七則出入相司八則嫁娶相媒九則有無相貸，十則疾病相救此種制度實爲地方自治之起端惟是否黃帝時眞有此制度而非漢儒所嚮壁臆造則未可斷言古之言地方自治制度之最善最詳者莫過於周禮之言周制，周禮人皆知爲僞書，其言自未可深信，然其條理精密，內容博大，若視爲古代哲人對於政治之一種具體的思想，亦未嘗不可加以研究。且周禮所言，縱使匪眞，然要不至全無影響，以春秋時代列國名士競言周禮觀之，可見周之法度定有可觀，至於古代國家組織本由下而上，周代去古未遠，地方自治容有較勝於後代者，亦未可全視爲虛造也。今依周禮所載周代地方自治制度略述之如次：

周禮所載地方自治之精義，莫詳於「鄉」「遂」二職。鄉遂者直隸於天子而行自治之制之區域也。王城爲中央政府，王城之外，郊甸之地，卽自治區域。外此則爲公邑，家邑，小都，大都，又其外則爲諸侯之國，鄉城距王城近，可以爲諸侯國之模範，故其自治制度獨詳。鄉遂之組織法同而名異，周官大司徒。五家爲比，五比爲閭，四閭爲族，五族爲黨，五黨爲州，五州爲鄉，此鄉制也。遂人五家爲鄰，五鄰爲里，四里爲酇，五酇爲鄙，五鄙爲縣，五縣爲遂，此遂制也。其官多由民舉而受天子之命，總計六鄉萬五千比，爲比長者萬五千人，六遂萬五千鄰，鄰長之數亦如之，推而上之，鄉則有閭胥，族師，黨正，州長，鄉大夫，遂則有里宰，酇長，鄙師，縣正，遂大夫，以及鄉之上尚有鄉老三人，合而計之設官至三萬七千八百七十五人之多，然六鄉六遂之地，不過方四百里，其民不過十五萬家耳。鄉遂之官，職掌略同，約而計之，有六種，一曰比較，卽今之調查戶口，二曰執法，凡法之頒布由鄉遂官懸之「象魏」（闕名）使民公覽，且敎民讀法。三曰敎育，鄉遂之學校皆由鄉遂官督之，四曰聯合，凡鄉遂中人民之互相交際，皆由其官爲之勸勉，五曰作民，凡鄉遂之間，人民對國家各種服役，皆由鄉遂官爲調度，六曰徵斂，卽徵某人民賦稅，此周禮所載地方自治制度之大略也。

## 第二節　秦漢之地方自治制度

三代而下，地方自治制度之詳而可信者，莫過於漢，漢以後法制破壞，自治之精神全失，漢以前則如齊之創霸，秦之自強，皆有完備之地方自治制度焉。管仲治齊，制國郊內則以五家爲軌，軌十爲里，里四爲連，連十爲鄉，鄉五爲師，國內十五鄉，郊外則三十家爲邑，邑十爲卒，卒十爲鄉，鄉三爲縣，縣十爲屬，屬有五，自家至師，自家至屬，各有長官以司其事其制名爲自治暗寓軍政，齊國以霸。商鞅治秦，令民爲什五而相司，收連坐，告奸者與斬敵首同賞，不告奸者與降敵同罰，秦國以亦之强。秦統一天下之後，猶有亭長三老等制，大率亦沿自商鞅之時也。漢高祖二年，舉民年五十以上有修行能率爲衆善，置爲三老，鄉一人；擇鄉三老一人爲縣三老，與縣令丞尉以事相敎，勿復繇戍，以十月賜酒肉。十里一亭，亭有長；十亭一鄉，鄉有三老，嗇夫，游徼。三老掌敎化；嗇夫職聽訟，收賦稅；游徼掌巡遊，禁盜賊。終前後漢，對於鄉自治常三致意焉。

## 第三節　六朝至唐之地方自治制度

吾國地方自治制度，莫善於周禮所載，秦漢之制，雖已帶官治性質，然若三老等職，爲地方所推舉，其人率多資望甚高，足以代表民衆，與自治之意，未相悖也。自漢以後，法度破壞，地方之權日殺。雖村鄉吏胥元名仍舊，然其職不過奉長官命令，催科應差而已。爲之者皆地痞流氓，稍自好者，皆裹足焉，況一鄉之重望者乎？以此而求自治，誠南轅而北轍矣。無已，就其形式之變遷，略述之如下。

晉制每縣戶五百以上皆置鄉，三千以上置二鄉，五千以上置三鄉，萬以上置四鄉，鄉置嗇夫一人；鄉戶每千以下置治書吏一人，千以上置吏佐各一人，正一人，五千五百以上置吏一人，佐二人；縣率百戶置里吏一人，其土廣人稀，聽隨宜四達里吏，限不得減五十戶。北魏孝文帝用李沖之說，立三長：卽五家一鄰長，五鄰一里長，五里一黨長。北齊合十家爲鄰比，五十家爲閭，百家爲族黨，一黨有黨族一人，副黨一人，閭正二人，鄰長十人，合十有四人，共領百家而已。至於城邑坊市一區或至千戶以上，唯有里正二人，里吏二人，亦不常置，又有隅老四人，則民間私設職事，非官府所置也。隋制，五家爲保，保五爲閭，閭四爲族，有閭長族正，又有里正比閭正，黨長比族正，以相檢察。唐制，諸戶爲里，五里爲鄉，四家爲鄰，三家爲保，每里設正一人。在城市者爲坊，別置坊正一人；在田野者爲村，別置村正一人，其村滿百家者，增置一人，掌同坊正；其村居滿十家者，隸入大村，不須別置村正。自六朝至唐，省行授田之法，故於村黨官吏，頗注意焉。

## 第四節　五代以後之地方制度

自五代以後，授田之制久廢，地方雖仍舊有鄰保等區劃，然其職已專主於防禦盜賊，糾察非違，完全類似於今之警察矣。後周世宗令團保鄉村，大率以一百戶爲一團，每團選三大戶爲耆長，凡民家之奸盜者，三大戶察之，民田之有豐歉者，三大戶均之。宋初循舊制，設衙前以執行官事，里正，戶長，鄉書手以課督賦稅；耆長，弓手，壯丁以逐捕盜賊；承符，人力，手力，散從官以奔走驅使。此種職事，猶今之差役，吏胥，純粹爲官府之爪牙，其去地方自治之意遠矣。且此等職事，皆强迫人民服務，每每中人之家，因之破產。宋初役法，實爲人民大害，王荆公變法，乃毅然廢之，以募役爲代。自此以後，人民得免差徭之苦。然既成募役，更純粹屬官吏性質，非自治之機關矣。王荆公又行保甲之法，以十家爲一保，保有長，五十家爲一大保，大保有大保長，十大保爲一都保，都保有都保正，教保長以武勢，使以轉敎保丁，以輪流備盜。金用唐制，以五家爲鄰，五鄰爲保，以相檢察。城市設坊正，村社隨戶多寡置里正，以按比戶口，催督賦役，勸課農桑。村社三百戶以上，則設主首四人，二百戶以上三人，五十戶以上二人，以下一人，以佐里正，禁察非違。置壯丁以佐主首巡警盜賊。元制郡邑置弓手以防盜，州縣城相離五七十里有直居至二千戶以上者，設立巡防弓手，不及二千戶者，依數差捕。若無村居處，則於五七十里，創立村舍，亦須及二十戶數。又定村疃，凡五十家立一社，擇年高曉農者爲之長，增至百家者，別置長一員，不及五十家者，於數村合爲一社，社長以時按課村民，敦督農桑，加以勸戒，有不率敎者，以其姓名告諸提點官責之。其有不敬父老及凶惡者亦然。仍大書其所犯於門，使其改過自新，乃去之。終歲不改，罰其代充本社夫役。明初定制，以一百一十戶爲里，推丁多者十人爲長，以百戶爲甲，甲凡十人，歲輪里長一人，管攝一里之事，城中曰坊，城曰鄉，鄉都曰里。凡十年一周，每里編爲一册，首篇爲一圖，鰥寡孤獨不任役者，則代管於百十戶之外，而列於圖後。清制略同於明，各村里有鄉約，社首等，以掌村事，類以輪流充任，與元以前之擇人專任者又不同矣。

## 第五節　現今之地方自治制度

清末預備立憲，知憲政之基礎在地方自治，乃有城鎮鄉地方自治章程之制定，然徒有其名，未嘗見諸事實也。民國以來，干戈俶擾，未遑創制。其各省地方自治較有可觀者，惟廣東，山西，四川三處。廣東自民十以後，卽實行縣長民選之制，近年又於各縣村鎮設農會，工會，由國民黨指揮，實行以黨治民。山西近年以來，亦實行村範政治，以一縣分爲數區，區之下有村，村有村長副，區有區長，不滿一百戶者，則爲聯合村。村之下有閭，二十五家爲一閭，有閭長。閭之下有鄰，五家爲一鄰，有鄰長。其進行計劃，分數期：第一期用官力消除莠民；第二期用民力救濟窮乏；第三期確立村團；第四期實行村自治。四川則因近年屢受軍閥土匪騷擾之故，人民激而自衛，民團，商團，到處組織，勢力駸大。談民國未來地方自治制度者，對於此三省三種形式，不可不加以注意焉。

# 第六章　歷代參政制度之演進

在昔貴族政治時代，政治爲貴族一階級之所有物；平民無從而干預之舍貴族階級外，別無所謂參政制度也。參政制度之普及于平民，蓋起于貴族政治既衰頹以後。我國自戰國以後，貴族政治卽已消滅，故人民參政權之樹立亦較早。雖辟舉，攷試，爲途不同，然其爲平民皆得有致身卿相之機會則一也。茲述其事實，分期略如左：

一、貴族階級世襲執政時代（春秋以前）
二、辟舉制時代（兩漢六朝）
三、考試制時代（隋至清）
四、選舉制時代（民國）

## 第一節　上古之貴族執政

上古爲貴族政治，前章已言之，其時普通人民，自無參政之權，惟貴族得有之。貴族之參政也，以其門閥地位而得政權，與個人之聰明才力無關。在封建制度之下，自天子以至卿大夫皆有領土，皆有臣宰，此種臣宰與其君主相同，多係世襲，國有大事必與此輩貴族共議之，國有要職，必于此輩貴族中選任之，其任官之法，別無定例，惟視人主之決擇與夫貴族間之輿論而定，其甚者則一切官職多由貴族團體中互相推定，人主不過坐受其成而已，其尤甚者則人主之興廢，亦得由貴族間決定之，此實古代社會中普通之習慣，非獨中國爲然也。

## 第二節　辟舉制之發生

平民參政之局，開于戰國，當春秋末年，貴族政治已臻破壞，其時賢哲多有系出貴族，而淪爲平民者，如孔子，是此實爲貴族政治與平民政治之過度時代。降及戰國，國際之競爭旣烈，列國競收攬人才，以圖自强，于是布衣卿相之局大開，惟此時士之進身，多憑口舌，有立談而取高位者，初無一定之軌例，故不得謂之制度。及漢興，而後有辟舉之制發生。漢高得天下後，卽下詔求賢士大夫與共安利天下。文帝時詔諸侯王公卿郡守舉賢良能直言極諫者。至武帝時，遂成爲定制。郡國人口二十萬以上者歲舉一人，四十萬以上二人，以此類推，不滿二十萬者二歲一人，不滿十萬者三歲一人。限以四科，一曰德行高妙，志節淸白；二曰學通行修，經中博士；三曰明習令法，足以決疑；四曰剛毅多略，遭事不惑。選舉之制至此略備。大抵漢制郡國舉士，雖有四科，實際上通常所舉不過三種，曰賢良方正，曰孝廉，曰博士弟子。其舉人之權由郡國操之，試驗之權則丞相御史等官操之，其至要者或天子親策問焉。至東漢而專設選部以司其事，歷魏晉六朝皆有專官，爲後世吏部之濫觴，其制益備。東漢冲帝時尙書令左雄因舉人太濫，乃創議限年四十以上始得被舉，且須加以試驗，此爲辟舉制度過渡于考試制度之起源。然辟舉之制猶相沿數百年。魏陳羣立九品官人之法，州郡皆設中正以專司選舉，于是舉人之權遂不操于守令，而另有專人，此貢舉制之又一進化也。然其弊也以資格門第限人，失自由競爭之原意，于是辟舉制敝，而科舉考試制代之而起矣。

## 第三節　科舉考試制之繼起

辟舉之制，人民參政之權，操之官吏，士雖有奇才異能，不爲官吏所知，即不能自進而參預政治官吏之賢不肖不齊，則其所舉者難免憑個人之好惡以爲去取。其初士之被舉，猶多取評于輿論，尚能略得其公。及其敝也，輿論之勢力爲勢家大族所操縱，官吏亦不得不仰其鼻息，而獨行闇修之士，未免向隅。此辟舉制之流弊，而科舉攷試制之所以代之而起也。原考試之制，發生較久，堯典三載考績，亦爲攷試之一種。漢魏六朝雖行郡舉，而被舉之士亦多加以攷試，特古代攷試之法不必定用文字，亦未嘗有一定之規程耳。至隋煬帝大業中始建進士科，令士子得投牒自試。唐代因之，遂爲科舉攷試制之發端。唐代選士之法大要有三：由學館者曰生徒，由州縣者曰鄉貢，天子自詔者曰制舉。而鄉貢之途最廣。三者皆須經過考試，其考試科目有秀才，明經，明法，明字，明算等，而秀才明經二科最發達。其後又有進士科，較秀才爲尤重。進士所攷爲辭賦，明經所攷爲經義。其司攷試之機關爲禮部，攷試及格後，選官之權則操之于吏部。故選士與選官之途分，自此時起也。惟士之被選者，皆有服官之權，則分與不分等耳。宋代攷試制多沿唐制，其初士習多趨重辭賦。王荊公變法，乃一以經義爲攷試之科目，然亦未能較勝于前代。自此以後，道學之風既盛，而科舉乃專以經義爲科目，遂歷元明清諸朝而弗改矣。明初更創八股之法，其所謂經義，特文章之遊戲而已。學者斂精神於無用之地，國家不能得一有用之人才，攷試制至此而流弊又多，訾議者紛起，又至於不得不變之時代矣。

## 第四節　選舉制之輸入

科舉取士之法既弊端百出，而其時又適値歐化東來，政治革新之議紛起，參政制度尤爲歐西立憲政治之精華，其勢不能不已以從之，故科舉制度遂瀕于不能不廢滅之境。然其間阻力亦甚多。自清末戊戌變法，卽以廢科舉設學校爲目的，至辛丑拳亂後始告成功。然舊制雖廢，而新制未立，捐納之風大開，考試之法猶存，用官之法蓋無確定之標準焉。及預備立憲詔下，乃有開國會選代議士之運動，然終清之末，僅有各省諮議局爲議會之預備機關，而正式議會終未成立。民國革新，代議制度乃確立，中央設參衆兩院，各省設省議會，各縣設縣議會，人才濟濟，盛極一時。乃國會成立年未幾，旋遭袁世凱之解散，其後雖屢經恢復，仍受摧殘，至今未復。縣議會自民國二年經袁氏摧殘後，多數省分迄今無存。省議會之生命較長，然近年來亦均無形消滅。此後代議制度之能存在于中國與否，爲中國政治上一大問題。而行官政吏之任用，亦多憑在上者之喜怒，毫無標準，雖有法令，殆同虛設。嗚呼！上無道揆，下無法守，欲政治之不濫，寗可得乎。

# 第七章　歷代監政制度之變遷

政權之運用，必賴有監察之機關，執法以繩其後，而後權力始不至有濫用之嫌，此爲古今各國所同然。然發揮此種監察之權能，至於極點，使之成爲政府組織上獨立之一系統，可以供後世研究政治組織之參攷者，則莫有過於吾國舊時代之科道制度。故今另立爲一章，以備研究焉。攷監察制度之發達，約可分爲以下數時期：

## 一、監察制度發展未完備時代

二、監察制度確立時代

三、監察制度發展完備時代

四、監察制度消滅時代

## 第一節　上古之監察制度

監察制度由其歷史上之演進情形觀之，本包涵有兩種職能，一爲諫諍得失，一爲糾彈官邪。諫官一職，成立較早。堯舜命官設職，已有納言專司諫諍。嗣後列代，皆有相似之職官存在。可知古代對於此職，較爲注重。惟糾彈之職，則向未設立專官。戰國時，雖有御史一職，但職在紀言，仍係史官，與後世御史性質並不相同。周禮一書，雖有小宰及御史等官頗似糾察之職，但此書根本性質，既尚在懷疑，其所敍制度，自未可貿然據爲信史。故吾人可大膽斷言，自秦漢以前，中國尚無正式之監察制度。其監察之權能，分寄於各官，而無集中之組織。凡一切制度，在未發展時代，恆如此也。

## 第二節　秦漢以後之監察制度

監察制度何以至秦而始行發展，其理蓋亦易明，大抵時代愈專制，則君主之所以防範監督臣下者愈嚴，而監察制度亦因之發達，西洋史上之古波斯，中國史上之秦，皆此例也。秦以御史大夫與丞相太尉並列于三公，御史大夫之下設御史中丞，侍御史等官，又于諸郡設監御史以監理郡政，觀其制度實係將監察權完全獨立于政權之外，自中央以至地方皆有獨立之監察機關，其監察權之擴大如此，實由于專制政體發達之故也。漢初制度一仍秦舊，故御史大夫仍列于三公職副丞相，至成帝時改御史大夫爲大司空，于是御史大夫一職始變爲純粹之行政長官，不復負監察之任，而監察之職權則以其下之御史中丞領之。中丞之下尚有多數從屬，其所掌之職權則除監察官吏，舉劾違失外，一切法度刑獄圖書祕籍，內則護從帝室，外則督理州郡，緝捕盜賊，監察軍旅，皆其分內事。蓋其權包含今之司法立法兩機關之權在內，可想見其職任之重要矣。歷東漢魏晉六朝，雖代有變易，而大體無改，此爲一時代。

## 第三節　隋唐以後之監察制度

監察制度，至唐而發展益完備，初御史在漢魏本屬近臣，得直宿禁中，參預機密，至隋煬帝始罷其制，使御史專屬于外台。唐初更分御史臺爲三院，一曰臺院，二曰殿院，三曰察院，而察院最重要。內則六部分巡，外則十道分察，各有專責，其職權益分明。而分察十道之御史，後遂變爲十道巡察按察等使，親行州郡，切實考察，其權益大矣。此外京外各官多兼御史大夫中丞各號，亦爲御史職權擴張之一證。五代及宋，略承唐制，惟宋代御史大夫並無正員，御史中丞亦多缺人不補，蓋由行政長官，忌其權大，所以抑之。自宋以前，諫官與御史向係分立，司諫諍者歷代有給事中，拾遺，補闕等官。至宋中葉始許御史言事，於是臺諫二職逐漸合一矣。至元代承遼金之舊，升高御史臺職位，與中書及樞密並列爲最高行政長官，又設行御史台於各省，以監督地方行政，爲後世督撫之起源。明初統一三院，惟設都察院，以都御史爲長官，其下有副都御史，僉都御史，監察御史等，而監察御史仍分道糾察，多至百數十人，其職權極爲廣大，監察制度至此進化已達極點。至清代更將臺諫完全合一，內設六科給事中，外設十五道監察御史，俱隸於都察院衙門。其職權則建議得失，監察行政，糾彈官吏，會審刑獄，檢查會計，稽察禮儀等，爲君主最重要之耳目焉。

## 第四節　監察制度之現在及將來

監察權獨立，本爲君主時代之特色，蓋所以爲君主耳目之官，以察聽臣僚得失者也。民國制度，採自歐西，故監察制度，遂完全取消，惟議會以立法機關，而兼監督政治之作用，其權殆較舊時科道爲尤大。所不同者，議員選自民間，非如科道之由君主任命耳。民國三年，袁世凱當權，解散議會以後，曾設肅政院以掌糾彈，一時肅政史亦頗有能盡職者。袁氏失敗，此職又廢。近頃時賢頗有主張監察權獨立設爲機關者，如孫中山倡五權憲法，即以監察權獨立爲原則，國民黨組織有監察委員會，亦即此意。此外章太炎，章行嚴等亦間有此意。以吾人論之，監察權獨立固未爲不可，惟其選出之權仍當操之于民衆，而不可操之于政府，既當選之後，其地位職權當有確實保障，又不應許其兼任行政官吏，如此則庶可弊少而利多耳。

# 第八章　財政一——田賦

經國之道，財爲最要，歷代政治設施，要以理財爲第一義。吾國理財政策，歷代相沿，不外二種，一曰田賦，二曰榷稅，前者取之農民，後者取之工商，大率自唐以前，田賦爲唯一之財政來源，自唐以後，榷稅收入，始與田賦同列爲國用大宗，此亦社會經濟情形之變化，談國計者，所不可不知者也。茲分爲二章述之，本章先述歷代田賦制之沿革。

我國以農立國，人民之生計，大半依賴於農業，故國家收入，亦不得不以土地稅爲大宗，此歷代談經濟者，所以多注意於田賦問題也。今約歷代田賦制度之沿革，約可分爲下列數時代。

一、公田制時代（三代以前）

二、算賦制時代（秦漢）

三、授田制時代（六朝至唐）

四、兩稅時代（唐以後）

## 第一節　上古之傳疑的公田制度

公田制度爲治我國上古歷史者一大疑案，其制度之有無及詳細情形，當於古代社會制度研究中述之，本章姑不具論。惟由此制度而產生之田賦制度則不可不一考究之。考我國田賦制度紀載之起源，當始於尚書禹貢。禹貢載禹平水土，別九州，按九州土性分爲九等，其賦亦有九等之差。其如何取賦之法已不詳，惟知其又按道里之遠近而言納賦之輕重精粗而已。夏商以後，制度更無可攷。周禮雖紀載甚詳，然畝事出僞書，未可爲信。公田之說，始於孟子。孟子謂夏后氏五十而貢，殷人七十而助，周人百而徹，其實皆什一也。此古書言三代賦制所可根據之唯一材料。宋儒朱熹作集註，解釋此段文義，謂夏時一夫受田五十畝，而每夫計其五畝之入以爲貢；商人始爲井田之制，以六百三十畝之地，畫爲九區，區七十畝，中爲公田，其外八家各授一區，但借其力以助耕公田而不復稅其私田；周時一夫授田百畝；鄉遂用貢法；都鄙用助法，八家同井，耕則通力而作，收則計畝而分，故謂之徹，其實皆什一也。據此則自商以前，尙徵收田賦，自商以後乃創公田之制，使民代耕而不另收賦，此誠田賦制度上一大變革也。惟井田制度，異說紛紜，雖孟子一書，較若可信，然其詳已不可得聞，吾人撰通俗歷史者，於此等問題未經完全解決以前，姑存而不論，所謂不識馬肝，未爲不知味者也。

春秋以後，雖紀載較多，然於田賦制度亦未有詳細之說明。春秋魯宣公十五年初稅畝，似爲魯國初按畝而稅之始，論者引此以爲前此祗有共耕公田而無私田之稅之證。自此以後，列國競爭，國用浩繁，繁征苛斂，無劃一之制度，更難究詰，所略可攷者，大約古代兵農合一，故田賦徵收，並不專以徵取穀物爲目的，戎馬，乘牛，兵器，以及兵車之屬，均得爲賦。孟子所謂有粟米之征，有布帛之征，有力役之征，大約較近於事實。時至戰國，田賦之制，已與秦漢以後制度逐漸按近矣。

## 第二節　時漢之田賦制度

秦漢以後，紀載甚多，田賦之制，燦然可考。大約其時田賦性質有二種：一曰田租，一曰口賦。田租者按田而徵收租稅者也。秦代徵取甚重，取十分之五，故秦亡甚速。漢初除秦之弊，僅稅十五分之一。文帝一朝，國家晏安，無所動用，故初則減天下田租之半，後乃完全免除。至景帝二年始復徵田租，三十而稅一。武帝以後，更有變更，而大致不外文景之舊。口賦者按人口而徵收賦稅者也。又分二種：甲曰算賦，人民年十五以上至五十六歲，每人每年出賦錢百二十，謂之一算，以供兵車馬庫之料，其出賦年齡時有變更。乙曰口錢，武帝時因征伐四夷，國用不足，乃起口錢，民年三歲即出口錢，每人每年出錢二十，其後至元帝時改爲七歲以上始出口錢。

漢代國用以田賦爲主，至武帝時始注意鹽鐵等收入，然田賦仍爲國用大宗。歷朝賢主，亦均能實行薄稅斂之儒者政策，且有如文帝時代之免田賦至十餘年之久者，故漢代農民對於國家之負担，殆不可謂甚重。惟西漢末年，土地多幷棄於大地主之王，貧者至無立錐之地，田賦雖薄，平民並不身受其益。故西漢末年儒者多有名田之議，馴至王莽時代，遂有更名天下田曰王田，實行井田制度之法，雖行不旋踵，而至滅亡，然可以觀漢代農民生活之一斑矣。

## 第三節　六朝隋唐之授田制度

自漢代土地因豪强兼并，以至發生『富者田連阡陌，貧者無立錐之地』之結果，一般儒者對於平均地權之主張，遂逐漸倡導，認爲救時之良策。王莽變法，卽實行此政策之第一人，不幸操之過激，反遭反動。然此種思想，終不能撲滅，至西晉初年，遂因環境之變動，而見諸實行。自晉至唐初，四百年中，授田之名雖屢變，而其實相差不遠，此亦談中國土地史者所不可不加以注意者也。

西晉武帝平吳之後，卽作『戶調』之制，此爲中古授田制之始。其制按年歲分男女爲正丁，次丁，老小三種，凡一家爲戶者，男子占田七十畝，女子三十畝，其餘丁男每人課田五十畝，丁女二十畝，次丁男半之，女則不課。丁男之戶，歲輸絹三疋，綿三斤，女及次丁男爲戶者半輸。不事遠夷不課田者，輸義米戶三斛，遠者五斗，極遠者輸算錢，人二十八文。

至後魏又有均田之制，其制分土地爲桑田露田二種；桑田爲世業，露田則及歲而受，年老則還之政府。其田賦總名曰調，每一夫一婦帛一疋，粟二石。人年十三以上未娶者四人出一夫一婦之調，有奴任耕婢任績者八口當未娶者四，耕牛十頭當奴婢八。其產麻布之鄉，一夫一婦布一疋，下至半，以此爲降。大率六疋中五疋爲公家之調，一疋爲調外費，三疋爲內外百官俸。

唐代仍用授田制度，分天下田爲口分，永業兩種，猶魏之桑田露田。其田賦分租庸調三種，租者課口分田之稅也。當時丁皆受田百畝，內二十畝爲永業，八十畝爲口分，自此八十畝中徵收之稅，謂之田租。凡每丁每年粟二石。調者從鄉土所產之布帛而征者也。每戶出絹絁各二丈，布加五分之一，納綾絹調者，添綿三兩，納布者添麻二斤。庸者，役之代名也。每人每歲應爲官服役二十日，別加閏二日，凡不出役者，以一日

折合絹三尺布加五分之一

綜上觀之，自晉以後，有人必有田，每人所種之田大略均相等，故賦稅得以劃一。其賦稅分爲三種，以田計者謂之租，以人計者謂之庸，以戶計者謂之調，以唐代之制度最爲完備焉。

## 第四節 唐中葉以後之兩稅制度

六朝隋唐授田之制，有人必有田，其法較善，似應行之永久，然積久其弊亦生。蓋授田之法，重在簿籍分明，戶口與田畝俱有詳晰之調查，始能公允。在舊日專制時代，官僚吏狡，日久自難免因偸廢而上下其手。加以有唐天寶之亂，簿籍蕩然，土地漸由私人買賣而趨于不均，若仍舊按人收賦，則有無田而須出租者，有田多而仍舊出八十畝之租者，若必責令田多者還之田，少者重行分配，則俱係經買賣手續而來，難以更行紛擾。故至德宗時，宰相楊炎遂創兩稅之法，『戶無主客，以現居爲簿；人無老少，以貧富爲著。』雖不能仍舊平均地權，然就當時現狀而論，頗爲簡易，此法遂歷宋元明清大端無改。

自漢以來，人民田賦，多以粟米，布帛，力役三者並輸，自宋王安石執政，而行免役之法，人民遂解除爲國家服力役之義務，自後雖有反對者，亦不能恢復。明神宗萬歷九年頒行一條鞭法，總括一州縣之賦役，量地計丁，凡地丁之賦及其他雜項支納，總括爲一，號曰一條鞭，皆計畝徵銀，由官代辦，不必分繳錢米絹布等物，此爲稅制又一進化。至淸聖祖康熙末年，定以後滋生人口永不加稅之制，以康熙五十年之人口數爲準，乾隆時代遂以丁稅合地稅爲一，稱爲地丁，自此以後，丁口稅亦殆可稱爲大部分免除矣。故今日之田賦，祇計田而收租，其丁稅，戶稅俱已免除，驟觀之似將全民負担，加諸有田者，稍爲不平，其實田賦之外工商諸稅，已加重甚多，不僅以地丁爲主要收入矣。惟自此以後，游手好閑者，以及坐擁資產不事生殖者，多能倖逃于國家之賦稅，此亦不平等之一端也。民國以來，改徵銀兩爲銀元，其法多承淸代之舊，所徵收者有地丁，漕糧，租課，差徭，墾務，雜賦，附加稅，七種，因地不同。近年以來，各省當局多有藉附加稅之名濫行徵收，以增重人民負担者。

# 第九章　財政二——雜稅

一國賦稅之所收入，與其國民生計至有關係，凡國民生計重農業者，其賦稅之所取亦多取之於農，重工商業者則取之于工商。我們財政收入田賦最爲大宗，蓋因農業爲人民生計之本使然，惟自唐以後，雜稅洊作，其重要漸與田賦平等，𥨊假而駕田賦上之，讀者觀財政之變遷，可以知國民生計今昔之不同矣。茲述雜稅之變遷次第，分爲時期如左：

一、雜稅萌芽時代（春秋以前）
二、雜稅漸重要時代（春秋至隋）
三、物稅盛行時代（唐至淸）
四、商稅盛行時代（現代）

## 第一節　上古時代之雜稅制度

雜稅者包含田賦以外之一切收入而言也，其主要性質可分二種，一曰物稅，如鹽稅，酒稅等，二曰商稅，如關稅，釐金等。上古時代此兩種稅均不占重要地位。孟子稱關市譏而不征，似古代商人並無負擔，周官載委人掌斂野之賦斂薪芻，又萍氏掌幾酒謹酒，則似物稅尙時有之。大抵彼時在農業共產時代，貿遷有無之事至不重要，故商稅之無有亦在意中。至山林川澤之出產，頗亦爲國家收入之一部分，故貨稅當亦有之，惟決不占國家收入之重要部分耳。

## 第二節　春秋以後之雜稅制度

春秋以後，農業社會逐漸破裂，工商業漸形發達，於是經國者對於工商之收入亦漸加以注意。而正式視雜稅爲國用大宗，而用全力以經營之者，當始於齊之管仲。齊當春秋之時，其地僻處於海濱，不宜於農業發展，故管仲治齊，首先注重鹽鉄政策。以鹽鉄之收入爲國家收入正宗，仲所倡也。戰國之時，工商大興，其取於工商之稅殆不下於農民惟時無正式紀載不能得其詳細制度耳其時學者鑒於工商之盛行，農業之衰頹多有持重農抑商之論者商鞅以此說一試之於秦而秦以之强，法家興而此說大盛。秦及漢初，重農抑商之政策更加注意。然當時商人因受社會上之輕視故國家財政亦不倚之爲重大來源，結果商人反得占實際上之利益。至漢武時因東西征伐國用困窮，遂不得不於田賦之外注意及工商之收入。於是有商賈之算，酒酤之權，又置鹽鐵官以專賣鹽鐵，工商之負担自此遂漸重矣。武帝以後歷朝雖有損益，然鹽鐵酒等收入終不能全行豁免，蓋理財之道一闢則不可復闔，勢則然也。

## 第三節　唐以後之雜稅制度

雜稅之徵取至唐以後成爲國家收入之大宗來源，其故亦有可言者，蓋唐自安史亂後，田賦之籍蕩然無存，且强藩割據，地方收入多不貢之中央，於是理財之臣不得別出新策以應急需，此近因也；遠因則唐以後長江流域甚形發達，運河開通，南北交通亦形便利，此種情形皆有助於工商業之發達，中唐以後，雖國家政權不一，然地方軍閥皆尙能保境安民，戰爭之事不多，故工商業頗有發達之餘地，以此諸因，故唐以後之國家收入以雜稅與賦同視爲重大來源，其事蓋非偶然矣。

唐代雜稅性質甚多，茲舉其要者分述如下：

一鹽稅　鹽之爲政府所注意，始於齊之管仲，前已言之矣。漢武帝以後，鹽由官賣，禁人民採取，成爲定例。至隋初除此禁，唐肅宗時始收鹽稅。至乾元元年第五琦爲鹽鐵使，變鹽法，凡產鹽之地，設鹽院，使民自煑鹽，謂之亭戶，得免雜徭，製成以後，售之大商人，使轉賣於各方，謂之通商法。通商法與從前鹽法不同之處，卽在舊法係官製官賣，絲毫不準人民干預，此法一行，則官特處於鹽督地位，而售賣之利，歸之大商人，因是以鹽商起家者甚多。唐代宗末年，鹽課凡六百餘萬緡，居天下賦稅之半，國用仰給焉。五代以後，鹽法大率沿自唐制，元初又定引地之制，於是食鹽又有地域之限制。明淸以來，皆用此法。

二茶稅　茶之成爲稅，時起於唐，故唐以前無茶稅。茶稅起於唐德宗時，文宗時宰相王涯始變茶法，禁民栽製，移民間所植茶樹於官場，官自焙製，售與商人，與當時鹽法相同。宋時則用民製官賣政策，凡植茶之處，謂之山場，采茶之民謂之園戶，皆係由政府特許者。所出之茶，除一部分供租稅外，餘悉由官收買，再於各地設榷貨務以售賣之。惟川廣陝三地之茶，得聽民自賣，但不得出境。商人欲領茶售賣者，得於京師榷貨務納錢，給予引卷，使向其指定之禁地領茶。自元以後，商人售茶仍須待官允許，領取交引，但已直接向種茶者採買，不必由官立之榷貨務轉買矣。明清以後，茶禁益寬，漸已視爲普通貨物之一種，但照值收稅，而不復有官督民製或民製官賣等限制矣。此茶鹽兩稅不同之點也。

三酒稅　酒稅自漢時卽有之，歷代對此態度不一，或以爲酒之爲物，無益民生而有妨食料，因之取嚴格禁止主義者，或不加嚴禁，但徵取重稅，因以爲利者，又有官自釀酒，官爲售賣者，大率因時變遷，未有定例，且亦未占國家收入之重要地位也。自唐代宗以後，課稅于酒戶，謂之榷酤，以後遂成定制。宋代用官釀之法，置務以釀酒，惟縣鎭鄕閭，亦許民私釀。惟私釀者須經官允許，且須有保人，以免不能納歲課之弊。北宋時此項歲課並不占重要地位，至南宋時國用窘乏，酒稅遂成爲財政收入重要之項目，往往有地方上已無私釀，而所課酒稅仍照舊徵收者，此亦行法不善之流弊也。造酒之麴亦歸官賣，且有一定之引地焉。大抵宋代官釀民釀並行，官賣者謂之榷酒，民賣者謂之稅酒，榷之不便于稅，勢所固然，故自南宋以後，官賣之制遂逐漸打破，而任民自釀自賣，但納稅于國家而已。明以後榷酒之制遂全廢矣。

四礦稅　鹽鐵二物自管仲時卽視爲應歸官賣之物，漢武實行此政策，凡鐵器皆歸官鑄，禁民私鑄。東漢以後，解私鑄之業，惟採礦事業仍視爲國家專有，不得私行採掘。唐宋二代礦產特許之採取，謂之阬戶，而由官監督之。宋徽宗時亦倣稅鹽之法，榷而售之，令官置爐冶，收鐵給引，召人通商。金元以後，採礦之業皆官民並管，大抵大者由官設局採取，小者則聽民自採，至鑄器物以及售賣轉運則皆聽自由，不復歸官業矣。

五其他各物稅　除鹽鐵茶酒等稅以外，其他日用必須之物品如香料，礬，硝，礦，木材等自唐以後亦均徵收稅課，而宋代香礬兩物且歸官賣云。

總之產物課稅，自唐以前本已有之，惟未嘗視爲國用大宗，唐以後，理財者始注意於此種收入，唐末及宋更行官賣之制，欲網羅其利，惟流弊滋多，不能久行，至今惟鹽尙用通商之法，官督商賣，民間不得私售，其餘則俱已解禁，自民國以後，煙酒二物又行官賣之制，各地由官設局，商人向官承領執照，轉運販賣，則仍通商法之舊也。

## 第四節　近代之雜稅制度

貨物稅之徵收盛于唐宋二朝，上節已言之，宋代國用收入，殆大半仰給于此，此可謂物稅之最重要時代，顧自元明以後，何以官賣之制度反不能維持，而貨物之稅亦不占國家收入之第一位？則以另有重要稅源，起而代之故也，此重要稅源非他，卽商稅是也。

商稅所包範圍亦甚廣，約而言之，可分三種，一營業稅，二通行稅，三關稅，皆盛行于宋元以後，以下分述之。

一營業稅　營業稅者，課商人營業盈餘而徵收其一定之比例之數者也，其法頗類今之所得稅，但專限于商人耳。漢武帝元光六年初算商賈，卽營業稅之起源。東晉時凡貨物奴婢馬牛田宅有文卷，率錢一萬輸值四百入官，賣者三百，買者一百。北魏有所謂市稅者，凡入市者人出一錢，亦營業稅之一種。唐宋以後，徵收益多。市上交易大約每千錢徵收三十，但亦無一定。元明以後情形大致相同。民國以來又有印花稅，採自西方，亦營業稅之一種也。

二通行稅　通行稅大約起于唐末，觀五代後周太祖，曾勅諸道州府不得徵收牛畜經過稅，可知其時必已有此種稅法矣。此種稅法徵收商人轉運貨物經過路途上之稅。宋初過稅每千錢抽二十。南宋以後，更爲苛細。明宣宗時始設鈔關及收鈔官，於沿河交通經過之所以及各都市城門設官監守，凡經過商賈皆須照例納稅，而載貨之船亦須納船料錢。通行稅之增重自此始。然其時猶僅經過大都市徵收，搜刮未盡也。至清末太平軍興，江督雷以誠乃創釐金之制，凡各省內地均收關卡，商賈經過層層收稅，國家收入驟增，而商人則受病不淺焉。

三關稅　此關稅指對外族貿易徵收之稅而言。古代對外貿易不盛，偶有之亦均屬懷柔政策，故不注重其徵收稅入。唐以後對外貿易日盛，西北陸路交易，東南海上交易，皆置官以徵取貨稅。而海上貿易自唐置市舶司以來，收入尤爲國用大宗。宋元以後市舶司之地位更爲重要，收入亦愈多。清中葉曾一禁與外人通商，然粵閩海關始終未撤。鴉片戰後，五口通商，對外貿易遂占國家財政收入最重之地位，而海關稅乃爲中外財政家所同注意者矣。天津條約以後，關稅受條約限制，不能由吾國政府自由規定，國家主權及實際利益之損失尤多焉。前者列強開關稅會議于北京，終藉口于我國內亂而解散。民國十六年南京國民政府宣布于九月一日實行關稅自主，至期亦以受內亂影響而自動延期，其正式收回之期尚遠也。

# 第十章　財政三——社會政策與民生

攷政治進化之次第與其政府權力之大小有關，凡愈進化之國家其政府所掌之職務愈繁。最初政府之設立，殆僅以禁暴禦姦執行消極的職務而已。逮社會愈進化，社會之變化愈多，而有待于政府之協助與干涉者亦愈重。故政府之權力始則由消極進爲積極，繼則由政治進爲社會，而民生問題經濟政策，遂成爲政府最重要職務之一種矣。我國政治在三千年前卽已脫神治而入於人治時代，對於民生問題，極早卽加以注意，禹之治水，稷之教民稼穡，皆足爲政府注意民生之證。蓋我國民族性傾向實際，故對于民生問題注意獨早，較之其他各古國之最初政治但重事神者，其爲進步顯然可見。卽後世政治家對於民生問題，亦多加以注意，故經濟制度之改革，社會政策之實施，在我國古代卽已屢有端倪，非若歐美之至近代始成爲重要問題也。今略述歷代對于民生之設施，劃分時代如左，其與政治無關者，不述于玆。

一、敎民生業時代（唐虞夏）
二、平均地權時代（商周）
三、自由競爭時代（戰國）
四、重農抑商時代（秦漢）
五、抑制大農時代（漢六朝）
六、自由放任時代（唐至淸）
七、社會政策鼓吹時代（今日）

## 第一節　上古時代之敎民生業

中國爲最富于實際性之民族之國，故其所傳神話，亦多疵于實際的事業，與其他民族之荒唐無稽不同。古史稱有巢氏敎民爲巢，燧人氏敎民鑽木取火，伏羲氏敎民作網罟以畋以漁，神農氏敎民稼穡，皆爲政治家引導人民改良生計之傳說，雖其人物不甚可信，但大體上可以窺見古代中國哲人對于民生問題之注意。至唐虞之際此種色彩愈益顯著。觀堯典所載舜時官制，內司空，后稷，兵，工，虞，四官皆與民生有關，而司空伯禹且以盡力民生之故，得代舜而爲天子。禹之政治理想爲正德利用厚生，而利用厚生則皆與民生有關，可知當時政治概念必已甚發達矣。自是以後，歷代皆有關係民生之官，因古代爲農業社會之故，故后稷一職尤爲重要。後世政治雖已寖寖離民生問題甚遠，失古時之本意，然天子之勸農躬耕，后妃之親服蠶織，猶列爲歷代躬行故事之一種，此吾國政治之最可注意之特色之一也。

## 第二節　三代之平均地權

三代井田之制，至今爲後儒所聚訟，然上古時代人民原爲共產，三代承共產社會之舊，行平均地權之政，亦非絕對不可能。授田之制在六朝以後尚能實行，況三代土曠人稀之時耶。今攷三代井田之制，除周禮所載未可遽信外，惟孟子之說爲最古。孟子稱夏時一夫受田五十畝，殷七十畝，周百畝，其詳已見前第六章，此制設可信，則彼時人各有相當之土地以維持生計，其生活安定，自較後世之自由競爭者爲愈。所應注意者，古代階級制度甚嚴，此種授田不過僅及于一般平民，貴族卿大夫則不在此例，而平民之中又有小部分業工商者，亦無人受百畝之需要，與近代共產理想之盡廢商人實有不同，此研史者所不可不注意者也。

## 第三節　戰國時代之自由競爭

平均地權之政策，到底不能維持久遠，至春秋時代而其制逐漸破壞。其大原因在經濟生活進步，人民生計複雜，工商業之地位逐漸與農業處於平等地位，井田制度已不足適應時代之需要。再加以諸侯割據，戰亂頻仍，人民無安居務農之餘裕，於是生活失其平衡，而各項事業並起矣。其時王權既已失墜，侯國亦皆多變，自然中央政府無力顧及民生之設施，求其能稍薄稅斂，使民蘇息，已屬難得，況進而為民生設想耶。此戰國時代人民之所以困苦逾恆，而秦漢以後之反動政策所由起也。

## 第四節　秦漢之重農抑商政策

春秋戰國時代，舊式均田制度既已破壞，人民全趨於自由競爭之一途，於是大商巨賈出於其間，史記貨殖列傳載之綦詳。因此種機會甚多之故，遂易啓人民之徼倖心，多棄其固有生計之農業而從事於不可必得之競爭，此舉於社會秩序及國家實力均有妨礙，故一般學者均反對之。當時顯學如道家主張無治，儒家主張復古，墨家主張大同，皆與自由競爭之原則相反，而法家之反對尤甚。法家者主以政府之力量整齊人民使趨於一致者也。自由競爭之社會最足以妨礙國家政府權力之發展，故法家之反對最烈。法家之理想欲使人民復歸於淳樸之農業生活，故提倡重農抑商之政策甚力。自商鞅施其政策於秦而奏效，於是秦漢二代此種政策遂支配一時。漢高帝時之摧禁賈人甚力，其一證也。戰國末年商人勢力本甚偉大，漢初雖經摧抑，其潛勢力猶未驟消，惟自此以後商人於社會上政治上之地位遂不能如前之突進矣。

漢初對於農人保護甚力，文帝時至免天下租賦至十餘年之久，其於農人可謂盡力矣。顧此種政策雖足以抑商人之跋扈，然眞正農民並不能多得利益，則以其時土地又多爲大地主壟斷故也因此之故，第二期之平均地權政策又起。

## 第五節　西漢末至唐初之均田政策

漢初政策對農民保護優待甚力，而農民不能感其利益何也，則以其時土地多爲勢家大族所割據故也。董仲舒所謂『富者田連阡陌，貧者無立錐之地』；鼂錯所謂『官家之惠優於三代，豪强之侈酷于亡秦』，皆當時實在的狀況。蓋當時政府對于農民雖有種種優待，如減稅免賦等，而結果受其益者則皆大地主，一般平民早已無田可耕，政府雖極力奬農，而民不受其利益。以故自西漢中葉以後，社會上遂生一種反動思想，一般儒者感民生之困苦，思古代之井田生活，遂不期而發生均田限田之思想。自董仲舒，鼂錯，以至于師丹，孔光，皆鼓吹此種政策之實現。至西漢末年，此種學說遂漸從鼓吹而有進于實現之情勢。其時政治家如孔光輩有主用緩進之「限民名田」政策，以減削一部分地主之勢力者，然經豪强之反對，卒不能成功。及王莽即位，乃取斷然的手段，下令更天下田曰王田，奴婢曰私屬，皆不得買賣，其男口不盈八，而田過一井者分餘田與九族鄉黨。此外又設五均司市，以平市價，亦糶以官賣鹽鐵等物，杜商人之壟斷。此種設施大半猶爲社會政策而非屬于社會革命之性質，然已以施行過急而致失敗。惟王莽雖失敗，而均田思想深入于人心，自晉以後，歷北魏及唐所行均田政策，皆汲漢儒之流者也。在此時代之中，其政府對于民生所負之責任，似較宋以後爲多焉。

## 第六節　唐末至清之放任政策

自唐天寶亂後，中央政府威權失墜，無暇顧及民生，宋以後之政府又率以姑息優容不事事爲善政，金元等朝以異族入主中國，對於經國之道更所未悉，自唐中葉以至清，此一千年中殆可目爲放任主義盛行時代，政府對于凡百生業但求保障其安全發展不受障礙，卽已盡其責任，至於如何調劑均平，則非惟政府之力有所未及，卽偶有欲施行其社會政策之一部分以解除民困，如宋王安石之變法者，亦皆以舊勢力反對而致失敗，故千年來之政府與民生殆皆可謂處于相安無事之環境中，而以一切興施爲多事者也。

然則在此情形之下，宜可以適應自由競爭之原則一切事業爲極度的發達矣，顧何以歐美大資本大地主之禍，未發現於中國耶。無他，以社會上有自然之調劑故也。自然的調劑有二，一曰財產遺傳之平均，二曰戰禍之不絕，有此二因，故社會階級不至十分不平等也。

## 第七節　干涉思想之復活

此種政策，自淸末因西方思想之輸入，而漸呈復活之狀態。蓋十九世紀末年世界政治理想已復從自由主義而趨向於干涉主義，政府對於民生政治之設施負重大責任，又恰值西方社會主義發生，對於經濟上之改革鼓吹甚力，影響及於政治，遂有社會政策之名詞出現。中國海通以後，適值此種干涉主義盛行之際，自不免受其影響。故政府之權力驟形增大，如禁煙放足等事皆歸於政府職權之內。孫文組同盟會，以三民主義爲號召，其中民生主義一項，卽含有平均地權節制資本之社會政策性質惟同盟會推倒清室後，並未實行此種政策。自近年共產主義輸入中國後，對於經濟問題注意者漸多，去歲黨軍北伐所至之地實行三三三一制，沒收地主財產分給農戶，其辦法大約在社會政策與社會主義之間。而中國國家主義青年團之政策大綱，亦有對內實行社會政策之詳細規定云。

## 第十一章　歷代司法制度之演進

自古覘人國者，法律之完備與否，亦爲其國家進化與否之標準，凡國民性之趨於實際者，其法律之發達必早，如歐洲之羅馬是其例也。吾國國民性趨重實際，故法律之發達亦較早，雖其發展完備要在隋唐以後，然讀上古歷史，即已見此種觀念之萌芽，此亦吾族歷史之光榮也。茲述其進化之次第如左。

一、刑法草創時代（三代以上）

二、法典編制發達時代（漢魏六朝）

三、司法制度完成時代（隋唐）

四、司法制度分化時代（宋元明清）

五、司法制度革新時代（淸末至今日）

## 第一節　上古時代之司法制度

談司法制度有三問題應注意焉，一曰法典之編纂，二曰刑制之沿革，三曰執行法律之機關。又法律一辭包含甚廣，泛而言之，一切政治制度，均爲法律之一種，卽縮小範圍而言，亦有民法，刑法，行政法等等分別。欲於此短章中列述無遺，勢所不能，無已，舉其演進之大略情勢述焉。

吾國法律觀念發展甚早，堯典稱虞舜象以典刑，流宥五刑，鞭作官刑，朴作敎訓，金作贖刑，』又命臯陶爲士，以典刑法，是此時司法制度，殆已大備，有五刑之制，有流刑以代五刑，有贖刑之規定，有執行司法之官，而『象以典刑』一語，有解作法律之公布者，若此則較之後代之司法制度，蓋無大差異也。虞舜時代何以卽能如此發達，則其前之必有所受可知，或謂漢族法律襲自苗民，舉書呂刑篇『苗民弗用靈，制以刑，惟作五虐之刑曰法』數語爲證，其言或亦可信。大抵古代兵刑不分，甲兵謂之大刑，戰陣之事，苗人較之漢族進步爲早，其時必有慘酷暴虐之刑爲後世所沿用者。古代五刑爲墨劓刖宮辟，皆屬肉刑，其法或沿之於苗族，至唐虞時代始以流刑，然肉刑究全廢與否，尙未可知。觀至春秋戰國之際，肉刑尙列爲主要之刑，則此風之不但不易革，而且更加流行，蓋可知也。周代法制，周禮一書，載之綦詳，惟吾人於此書既不能置信，故不欲引之。要之法律觀念至春秋末年已大進步，戰國之時，有專以法治爲主義之法家出現，而法律遂漸臻於成熟之地位矣。

## 第二節　司法制度之漸次發達

戰國而後，刑事日多，而法律觀念亦日益發達，經秦漢兩代統一時期，君相之提倡，學者之鼓吹，不惟刑制之實質日益改善，卽法典之結集亦日益完備。自春秋末年，鄭晉等國有刑書刑鼎等物，爲法律公布之起源。戰國魏之李悝，遂著法經六篇，至漢初蕭何加爲九章，刑法分類始大略定，魏陳羣更定新律十八篇，六朝依之，法典至是始告完備。

戰國末年，刑法繁苛，慘酷異常，秦以高壓爲治，刑尤嚴峻。漢初約法三章，與民休息，刑始趨於簡易。肉刑至漢文帝時而廢，然後世究未能全禁絕焉。要之，刑制之由慘酷趨於平易，實爲社會文化進步之徵，漢之漸廢古代苛刑，蓋非徒一二君主提倡之力也。

戰國時代官制複雜，掌刑之官，各國名目不同，至漢則以廷尉爲最高司法官，郡縣之疑獄不決者則上之於廷尉，後世名目雖屢更，然其官制系統相沿，蓋猶漢之舊也。

## 第三節　司法制度之完成

吾國司法制度，胚胎於三代，發展於漢魏，而大成於隋唐，唐以後之歷朝，其司法之設施，蓋皆不越於唐制焉。綜隋唐之制可爲後世法者，蓋有二端：一曰法律之編纂，二曰刑制之劃一。法律結集至魏而略定，然其內容猶未完備，至唐太宗時，始令長孫無忌等撰律令格式各若干卷，於是正律之外，又有令格式等以補律之不足，此爲法律之一進化。古代法律但注意刑事，蕭何九章，始略及民事，然闕略瀕多。唐之新律則包括甚廣，大率律主刑事，令主民事，區劃秩然，後世莫能易之。再廣而言之，則唐之六典，尤爲廣大精徼，爲中國法律典章之大淵藪焉。刑制之劃一，始自隋文，文帝令高熲更定新律，其刑名有五，曰笞杖徒流死，又各分數等，以次升降，自此刑制秩然，莫能以私意創苛刑者。又有十惡不赦之規定，以避枉法寬縱之失。蓋自斯而吾國法律始成爲有系統之組織矣。其後不惟宋明諸朝莫等出其範圍，卽朝鮮日本之舊法律亦多受其影響，誠吾國文化史上一大可紀念之時代也。

第四節　唐以後法律之分化

自唐以後，司法制度，無甚顯著之進步，惟演進愈趨於繁複精細耳。宋代法典編製之多，遠過前代，每易一年號，卽重編一次，惜此等法典多已遺失，於研究古代法律之內容，頗滋不便。宋代習慣，又多好以君主敕旨代替法律，故有敕令格式之名，此則徵與唐代不同者也。明清以來，每朝雖皆有新律頒布，但大體皆一仍唐代之舊，且實際上判獄多以成例爲標準，並不依據律文，而普通人民且禁止私習律令，則律文之爲效亦已僅矣。

## 第五節　司法制度之革新

有清末葉，因海通之關係，外人來華者，動輒以吾國法律野蠻，裁判制度，訴訟手續等均不完備爲口實，而不肯受吾國官廳裁判，於是遂保留該國領事自行裁判該國人民之權利，世謂之領事裁判權。至德宗末年，乃有自動的改良法律之議，派載澤等五大臣出洋考察憲法，又派于式枚赴日考察司法，於是沈家本于式枚等奉旨設法律編譯館，編訂刑律，民律，商律及刑民事訴訟法等草案，且擬改良審判制度，未及實行而清亡。民國承清之舊，設立四級三審制度，以大理院爲最高審判機關，其下有高等廳，地方廳及初級廳，共四級。然因經費及人才關係，各地初級廳均仍以縣知事兼理。年來人民國家思想發達，收回治外法權之議大行，列強不得已，乃開法權會議于北京，派遣代表到內地攷察我國司法狀況，結果則以我國司法制度不完備爲辭，主張暫時不能撤銷領事裁判權，然我國代表固已宣言不承認此種報告也。此後司法權之完全收囘，尙須待內政統一後之努力焉。

## 第十二章　歷代教育制度之演進

吾國教育制度發達甚早，攷世界各古國，其始教育行政多附屬于宗教行政之下，其能獨立發展教育機關，並認淸教育之目的者蓋鮮，獨吾國在三千年前卽已認教育爲行政之主要部分，而特設專官，規定宗旨以處理之，蓋吾民族素重實際，對於神權觀念向來淡泊，而入事觀念發達甚早故也。茲將歷代教育制度發展之情形劃分時期如左。

一、王官掌敎時代（春秋以前）

二、自由講學時代（春秋末至漢）

三、學校制時代（晉至唐）

四、書院制時代（五代至淸）

五、新式學校時代（淸末至現代）

## 第一節　上古之學術集權制

古代敎育事業多附屬于宗敎事業之內，吾國敎育自亦不外此例，惟人民脫離神權時代較早，故敎育之成爲獨立機關亦較早耳。自契爲司徒，敬敷五敎，敎育已有專官。爾後虞夏商周歷代對于敎育事業皆甚注重，因敎育演自宗敎之故，故所重科目惟禮樂二者，禮爲儀文節目所以事神，樂爲歌詠舞蹈亦所以事神。此時文化未進，學術視爲禁物，僅政府官吏得以保守之。蓋古代惟宗敎僧侶始有硏究學術之機會及權利，後雖時異勢遷，而王官猶席宗敎餘威，保持專門硏學權利。國家雖有大學小學之設，然大率限于貴族，一般平民不得而與也。

上古學制傳于後者以周代爲較詳，周之學制今古文家所說亦各不同，大致有國學，有鄉學；有大學有小學頗爲完美。惟此等傳說多係漢初學者所臆造，未敢據爲信史故本編不取焉。

## 第二節　敎育權之分散

敎育權之集中于王官，蓋上古社會文化未進時事也。自東周以降，王權失墜，王朝官吏不克世守其業，學術之權威日落。其時列國紛爭，政變日多，貴族之權衰而平民參政之風潮起，于是平民之傑出者，欲求得有與貴族平等之地位，不得不先求獲得貴族平等之智識，而自由研學之風起矣。春秋之末如孔墨諸哲，皆以自由講學爲業，及門者至數千人，降及戰國，此風愈盛，後車數十乘，從者數百人，稍著名之學者皆能之。秦漢以後此風未泯。名士大儒往往設帳講學，聚徒千百。所與戰國不同者，則昔之爲師者恆周遊列國，所至其徒衆隨之，至漢代則遊學之風較衰，惟聞弟子千里往就其師于一地耳。戰國學校之制未詳，漢代雖有學校，然人恆不重之。至東漢之末，大學生講學干政，爲天下所聳動，于是國家學校之權威始漸代私人而上之。此談敎育制度之沿革者，所宜注意者也。

## 第三節　學校制之復興

東漢一代，蓋私人講學制復變爲學校制之一過渡時代也，前乎此者學校制度，杳不爲世所重，大學之制起于漢武，其制有博士，有弟子員，萃天下英才于一方，故西漢末年已成爲學術之中心機關，東漢諸帝類多崇儒重學，故太學之設備益發達，及桓靈之季，而太學且成爲政治言論之機樞矣。其時則有大儒馬融，鄭玄相繼聚徒講學，結數百年講學制之結局，至魏晉而後，學校益多，郡縣皆有學校，爲人才訓練之地。歷六朝兵革之會，未嘗稍廢，及唐代而學校制遂極完備。唐立六學，以造天下士，皆隸于國學，六學卽國子，太學，四門，律學，書學，算學是也。此外州府縣皆有學校，校設經學博士，醫學博士各一人，助教數人，以敷教化，唐之文化極盛，蓋於學校制不無關係焉，

## 第四節　書院制之代起

官立學校與私人講學互有利弊，大率一制行之既久，弊竇漸多，則他種制度代

徒興焉。唐代學校制度之弊，士皆騖於榮利，不知求學所以爲己，故所學無濟於實際，徒爲裝飾悅人之具。晚唐之時，漸有私立書院以講求學術者。五代至宋，此制度普及。至南宋而極盛。當時大儒，多講學書院，從者動千百，與漢代經師略相仿。宋代道學之昌，當由于是。其時官立學校，雖仍舊而已，有名無實，不爲世所重矣。此種書院，其大部分爲地方公立，非國有，亦非私有，此爲教育權自國家及私人之手，移於地方自治事業範圍內之始。元明清三朝，此種趨勢愈益顯然。其時書院幾全屬地方公立，由地方公聘耆儒主持，號曰山長。學者寄宿其中，朝夕探討，有膏火之費，有奬勵之金，學者得以安心從事所業，影響甚大。

此外補書院之不及者，則有私塾制度。私塾略分家塾，鄉塾，義塾，及私館四種，多屬于初等教育，蓋爲進入書院以前之預備機關也。

第五節　新學制之改革

書院之敝，與學校同，皆成爲有名無實。蓋明清以來，帖括盛行，學者所志，惟舉業。

雖在書院，其所研習與宋元之潛心性理者不同，清代雖有於書院提倡攷據之學者：然亦僅屬三數著名書院，普通者固不足以語此也。故清之末葉提倡改良書院者之議論紛起，及新學制輸入，而書院遂成過去物。拳匪亂後，清廷實行廢科舉立學校，書院隨科舉之廢而俱廢，各地皆就書院舊址改設學校。學校之制，採自歐美，分爲小學，中學，大學三級，小學分高初兩級，大學之外又有專門學校。自後學制雖屢有改良，而大要不外於沿襲歐美。比年以來，經費雖絀，而教育仍日進不輟，倘長此不懈，則國家之興盛可預卜也。

## 第十三章　歷代軍制之演進

軍事爲立國要素之一，故自古迄今，無論何種形式之國家，未有無軍者。然其間軍之組織，軍之性質，則各有不同。我國上古軍事之組織，原祇以補法治之不足，故曰「大刑用甲兵，」蓋其視兵猶今之警察也。其後列國並立，對外時有衝突，乃始有正規軍之組織，及時局統一，天下無事，所謂兵者乃又化爲純粹點綴昇平，莊嚴儀衛之裝飾品，求如現今各國之以兵爲立國之性命者，其時期蓋甚少也。今撮述古今軍事制度之變遷，分爲數期如後：

一、軍事制度傳疑時代（秦以前）

二、民兵制時代（秦漢）

三、府兵制時代（六朝唐）

四、募兵制時代（唐以後）

五、徵兵制預備時代（現代）

## 第一節　上古之傳疑的軍事制度

我國軍事動作之見於史籍最古者，莫如黃帝涿鹿之戰，史稱黃帝東西征討，遷徙往來無甯處，以師兵爲營衛，則其時必有一種軍事組織可知，惜史無明文，莫得其詳。其後制度之傳於後者，莫備于周，然有今古文家說法之不同。今文家謂周之兵制，五人爲伍，五伍爲兩，四兩爲卒，五卒爲旅，五旅爲師，師凡二千五百人；每一師卽爲一軍，天子六軍爲萬二千五百人，方伯二師，諸侯僅一師（依白虎通及公羊傳何注）。古文家則謂萬二千五百人爲軍，王六軍，大國三軍，次國二軍，小國一軍，二千五百人爲師，五百人爲旅，百人爲卒，二十五人爲兩，五人爲伍（依周禮夏官序）。自師以下今古文家說法略同，惟今文家謂師卽是軍，古文家則謂六師始爲一軍，天子卽有六軍，其說相差甚遠。又諸侯之軍，古文家謂有三等，今文家則祇二等，以理推之，大約古文家說較近是。

又其出兵之法，今古文說法亦不同，惟大制皆係按戶數抽兵而已。

要之，無論從今文家或古文家之說，卽使非純屬儒者之嚮壁虛造，然其實行之期間必甚短。蓋周自昭王南征不復，夷王下堂見諸侯以後，王室已甚衰微，諸侯漸各自變更制度，降至春秋，霸國蔚興，兼併時作，軍制更因時制宜，逐漸擴大矣。

## 第二節　秦漢之民兵制度

自春秋以降，列國並立，接觸日繁，而軍事亦日益擴張。春秋時代，每次戰爭，至多不過出車六百乘至八百乘，其兵至多不過數萬人而已。至戰國之時，則所謂大國者，類皆帶甲數十萬，有至百萬以上者，其用兵也，則廢車而參用馬，此戰爭技術之一大進化也。

其時戰爭既多，則使民之法，自不能依照常軌，而不得不出於普遍的强迫。以當時列國之人口計之，當亦不過數千萬，而帶甲之士，合計已有五六百萬，是幾於凡民之少壯者，皆可爲兵矣。此種凡民皆兵之制，實自戰國開其端，而秦漢兩朝因之。其與上古之制不同者，上古之徵兵，有一定之法制，其數甚少，又注重在出車出賦，而不在出人，秦漢之制，則較上古爲普遍，又注重在人，此二者不同之點也。

秦之軍制，其詳不可得而聞，大約與漢略相近。漢制，民年二十三爲正，一歲爲衛士，一歲爲材官騎士，至年五十六始免兵役。其兵之種類，有材官，卽步兵，有騎士，卽騎兵，有樓船，卽水兵，大約因各地人民習慣之不同，而分別教練之。此種制度，自漢武帝置八校，始漸改爲募集常備之制。

然漢代此種兵制，實不過普及武事於民衆之一種辦法而已，以之鎭壓地方，供護衛驅使則有餘，以之對外作戰則不足，故當時對外作戰之兵，另有一種來源，卽罪犯是也。此種制度亦自戰國起，秦代仍之，漢時使用更多，此實古代一種特異的制度，其制仍從上古認兵事爲刑罰之一種，及民有服勞役之義務之二觀念演繹而來。而其時所發罪人亦類能奮勇克敵，不稍囘顧，此實今人所不能思議者，大約由於當時戶籍法完備，人民不敢逃避之故耳。

## 第三節　六朝隋唐之府兵制度

秦漢之民兵制，其實不得謂之兵，以其於作戰上無大能力也。至東漢之末，天下分裂，兵戈日多，而兵制亦遂紊亂。其時之兵或由於强制之募集，或由於招撫盜賊而來。及五胡亂華以後，其時北方諸國所用之兵，皆該種人本族之兵。胡人以騎射爲生，故舉族皆兵，初無待於制度，而漢人則惟耕種出租稅而已。南方則當時兵力集中於荊揚兩處，荊州兵與北府兵始終爲南朝重鎭，此雖與後來之府兵制不同，然未始非此制之濫觴也。至北周時北方遂創立一種府兵之制，其制擇民之魁健才力者爲兵而蠲其租調，令刺史以農隙教練，合爲百府，每府一郞將主之，分屬二十四軍，領軍者謂之開府，一大將軍統兩開府，一柱國統二大將，共爲六軍。隋代略沿其制。至唐初更爲完善，全國設折衝府六百三十四府，而在關內一道者有二百六十一，蓋取强中弱外之意。折衝府有上中下三等，上府千二百人，中府千人，下府八百人，每府有折衝都尉及左右果毅都尉。其兵之編制十人爲火，火有長，五十人爲隊，隊有正，三百人爲團，團有校尉。人民二十而爲兵，六十而免，平時居於田畝，以農隙教練，有事則出征，事訖則各還其鄉。有所征伐，則臨時命將，征伐既終，則兵歸其府，將上其印，故大將不能擁兵，而中央得以制馭。此實古今軍事最良之制度，而爲今日所應設法恢復者也。

## 第四節　唐以後之募兵制度

府兵之制，在唐初誠爲良法，惟其制亦便於對內統制，而不便於對外長期之作戰。自開元以後，屢事邊功，府兵漸不敷調用，而府兵屯駐一地既久，有室家貲業之累，其精神亦漸衰頹。故張說遂請召募壯夫，謂之彍騎，以供宿衛，此爲募兵制之起源。天寶以後，列鎭割據，兵爲私人之兵，其法制變亂，莫可究詰，大要出於招募，而亦有父子兄弟相承，累世爲兵者，故兵士之權滋重，得以逐守將，殺主帥，迎拒長官，蓋已寖成一種特殊階級矣。

宋興，懲唐之弊，務集權於中央，集各州精壯之兵於中央，謂之禁軍，專以備征伐，其各州所留者皆老弱，惟以備守衛而已。各地要塞，每年派禁軍出守，輪流更調，謂之番戍。然其後禁軍寖多，而敎練日荒，故有事不能禦侮。至神宗時，王安石變法，裁減禁軍，改番戍之制，置將統兵，分駐各路。又行保甲之法，使保長以武事敎保丁，以備逐漸訓練民兵，惜其後以黨爭紛擾，卒未能有效。南宋以後，招募盜賊爲兵，諸將各擁兵自重，幾同唐末情形，惟不久卽收權於中央耳。遼金元均以異族興起，其軍隊各取本族壯丁爲之。遼之軍分六種，曰御帳親軍，曰宮衛軍，曰大首領部族軍，曰部族軍，曰五京鄉丁，曰屬國軍，以部族軍爲主幹。金初起時，全族皆兵，其後又收納漢人渤海人等，部隊寖廣，其首領有猛安謀克等名。元之初起，其兵有蒙古軍及探馬赤軍，探馬赤者蒙古族以外各部族之軍也。其後平金入中原，發民爲兵，謂之漢軍，平宋以後，所得兵謂之新軍。其兵有兵籍，蓋爲一種特殊職業，與平民不同。其兵官有萬戶千戶百戶等名，其實仍以本族之兵爲主也。

明初仿唐府兵制，於各地設衛所，以都督府及都司統轄衛所，以百二十人爲百戶，千二百人爲千戶，五千六百人爲一衛。京師設五軍都督府，各衛設衛指揮使，千戶所設正副千戶，百戶所設百戶，其下設總旗二名，小旗十名。兵士平時屯田，有事則命將出征，軍還後兵歸其所，將上其印，其制極與唐相似，有明一代無武人跋扈之弊，其制之效可見。然因自衛指揮使以下，乃至兵士，皆父子世襲，故軍紀不修，教練日荒，而寖至不能有用，是則明軍制之弊，而非府兵制本身之過也。

清代以滿族入關，故最初兵力全賴八旗子弟，殆亦舉族皆兵之制。其漢人之兵謂之綠營。仁宗以後，八旗綠營皆歸腐敗，故川楚教匪起，不得不另募鄉兵，謂之練勇。洪楊之亂，亦賴湘淮練勇討平，然爲時既久，勇營亦漸腐敗。至德宗以後，海禁大開，外競日烈，遂不得不取法外人，而爲根本改革軍制之圖矣。

## 第五節　清末至今日之新軍制度

清末改革軍制之議大興，於是首先於勇營及綠營之外，挑選精壯，加餉重練，謂之練軍。初仍用舊法操練，及張之洞創自強軍於湖北，乃用西法教練。袁世凱練兵於小站，而北洋新軍始爲國內重鎮，至清末定全國練三十六鎮新軍，又逐漸實行徵兵制度，未及大行而清亡。民國以後，軍制大略本自前清，惟易其名而已。其制最高單位曰師，師有步兵二旅，旅有三團，團有三營，營有三連，連有三排，排有三小排，每小排十四人，每級皆有長以統之。每師定制爲步兵二旅，砲兵一團，騎兵一團，工兵一營，輜重一營。此外一旅而包有砲騎等兵者謂之混成旅，團謂之混成團。然近年以來，軍事寖多，有合數師而成軍者，又有合數軍而成軍團者。又各地藩鎮，擁兵自重，任意變更軍制，多有不按常制者，或名少而實多，或名多而實少，紛紜變化，至莫可究詰云。